わが国の銀行行動と金融システム

―イノベーションを視点とした5つの試論―

藤波 大三郎

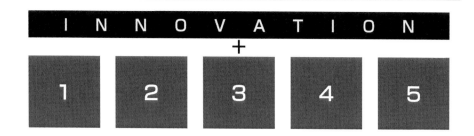

三恵社

ii

わが国の銀行行動と金融システム
―イノベーションを視点とした5つの試論―

まえがき

　本書は，わが国の銀行行動と金融システムについて，今日の経済低迷の原因となった不良債権問題から変化しつつある貸出業務及び法人取引全般，そして，地方創生が求められる中で重要となっている地域金融，また，高齢化社会となったわが国に適切な市場型間接金融システムとしての投資信託について着目し，分析・整理を試みた5つの試論と1つの補論から成る。

　わが国の銀行中心の金融システムは1980年代には限界に達し，現在では銀行中心のシステムと共に企業のイノベーションへの対応力が高いとされる市場中心のシステムを併用することが求められている。また同時に，現代の金融システムは高齢化社会における金融資産運用に適したシステムであることも求められている。こうした状況の下，現代の銀行は，貸出業務においてはシンジケート・ローン，リレーションシップ・バンキング等に取組み，法人取引ではメインバンクからアレンジャーへの変容，個人取引では住宅ローン，投資商品販売に取り組むなど変化を遂げつつある。

　そこで本書では，現代のわが国の銀行行動と金融システムについて先進国における経済発展において重要とされるイノベーションを一つの視点として分析を行い，また，市場型間接金融の商品であって新しい金融システムで重要となる投資信託による個人，特に高齢者の資産運用について考察する。

　本書の構成は以下の通りである。第1章「わが国の不良債権問題とイノベーション」では，不良債権問題を検討し，新しい金融システムについて論じる。まず，わが国の戦後の金融システムについて高度経済成長期に銀行中心の金融システムが形成されたことを概観する。そして，その高度経済成長期が終わりを告げ，規制緩和へと進んでゆく時代の銀行行動について整理する。特に銀行がイノベーションに取組み，新しい需要と供給の組合せを作ることに失敗し，不良債権問題を発生させた点を論じる。そして，日本版金融ビッグバンの中で取り組まれた金融システムの再構築について考察し，これからの銀行のあり方について検討を試みている。

　第2章の「銀行の貸出業務とイノベーション」では，地域経済活性化と銀行の関係という観点から，銀行の貸出が単なる貸出から顧客支援業務としての貸出へと変化していることを検討する。まず，貸出の種類と金利を概観し，貸出の内容を整理する。現在では中小企業向け貸出と個人向けの住宅ローンが銀行の大きな貸出分野となっており，銀

行の貸出内容は変化した。そして，一般的イメージと異なり，実際のイノベーションは細かな連続的なイノベーションの積み重ねであることが多いが，そうした意味でイノベーションと考えられるコミットメントライン，シンジケート・ローン，プロジェクト・ファイナンス等について論じる。更に，中小企業向け貸出について地域経済との関係を検討し，リレーションシップ・バンキングと地域密着型金融について検討する。

第3章の「銀行の法人取引とイノベーション」では，まず，現代の銀行の法人取引を概観する。そして，メインバンク制について考察し，日本的経営を支えたメインバンクはシンジケート・ローンのアレンジャーに変わりつつあることを論じる。そして，中小企業向け貸出について，無担保ビジネスローン，金利設定の妥当性，メインバンクの影響，ビジネス・マッチング等を整理する。また，地域密着型金融を論じ，DDE，DES，事業承継，ABL 等の中小企業のニーズに包括的に対応する銀行の新しい活動について述べる。次に投資銀行ビジネスの現状を概観し，M&A が法人取引の現場のニーズから生じていること，不動産ファイナンスの構造等を考察し，最後に銀行の法人取引の将来についての検討を試み，包括性が重要となること等を論じる。

第4章の「現代の地域金融とイノベーション」では，地域における銀行行動を幅広く採り上げ，中小企業，生活者，そして地方公共団体との取引を検討する。そして，中小企業金融ではハイテクとハイタッチの双方の取組が行われていることを考察する。生活者金融では住宅ローン取引，資産運用取引について整理しつつ，ファイナンシャル・プランニングについて考察し，ファイナンシャル・プランニングは中小企業金融におけるリレーションシップ・バンキングと類似した面もあることを論じる。また，地方公共団体取引では PFI を中心に検討する。そして，地域金融機関は，将来において地域経済の広域化に対応した合併，再編，グループ化といった事柄，つまり経営について新しい組織作りに取り組む必要があることを論じる。

第5章の「高齢者の金融資産運用とイノベーション」では，銀行の投資信託の販売対象である高齢者の資産運用について検討し，高齢化社会において望ましい金融システムについて論じる。まず，中年期より高齢期の方がリスク資産運用に適した年齢であることを検討する。そして，豊かな個人金融資産を活かして少子高齢化が進むわが国の経済的な問題を解決するに適した金融システムは何かを論じ，高齢者による国内・外の株式，債券への分散投資が財産所得を高め，それが個人消費を喚起する点について考察する。そして，同時に需要の増加が企業のイノベーションを誘発し，供給力を高め，経済を活性化してゆく過程を検討する。更に市場型間接金融システムの強化と適切な税制と投資教育についての検討を試みる。

そして，補論の「生活者に対する投資信託の販売とファイナンシャル・プランニング」では，地域の生活者に対する投資信託の販売についてファイナンシャル・プランニングを用いた技法を整理する。投資信託はわが国の金融システムのあり方を変えてゆく可能性を秘めていると考えられ，銀行がその販売額の5割程度を占めているが，まず，その販売技法を概観する。そして，国民が投資信託を保有することの意義について検討する。次に具体的なケースを想定し，多様な技法を吟味する。その中で，トータルリターン通知，価値関数，自己規律等様々な事項を検討してゆく。そして，市場とライフプランの間，そしてポートフォリオの間を調整してゆくことがファイナンシャル・プランニングに依拠した投資信託の販売において求められることを考察する。

さて，本書の基礎となった各論稿は，筆者が中央大学企業研究所の客員研究員であった期間に執筆した論稿を整理し，若干の加筆・修正を加えて再整理したものである。ここで各論稿の初出を示せば，以下の通りである。

1. 「わが国の不良債権問題とイノベーション」『企業研究』第16号，中央大学企業研究所（2010年3月）
2. 「現代の地域金融とイノベーション」『企業研究』第19号，中央大学企業研究所（2011年8月）
3. 「高齢者の金融資産運用とイノベーション」『高齢化社会における資産運用と金融システム』，中央大学出版部（2011年10月）
4. 「生活者に対する投資信託の販売とファイナンシャル・プランニング」『松本大学研究紀要』第10号（通刊第62号），松本大学（2012年1月）
5. 「銀行の貸出業務とイノベーション」『グローバル下の地域金融』，中央大学出版部（2014年3月）
6. 「銀行の法人取引とイノベーション」『商学論纂』第55巻第3号，中央大学商学研究会（2014年3月）

これらの論稿が一冊の図書として公刊されるに至ったことは，筆者の望外の喜びである。これらの論稿には内容的に繰り返しになる部分があるものの，これからのわが国の銀行行動と金融システム，そして地方の活性化を支える地域金融，及び個人の金融資産運用を考える上で，これらの論稿を整理しておくことにもそれなりの意義があると考えた。

今後の研究課題としては，リレーションシップ・バンキングのコスト，わが国の商業銀行のあり方，マスリテール取引の効率性，高齢者の資産運用のための投資教育等があると思われ，これらについても整理・検討を試みたい。

　ところで，本書をまとめることができたのは，ここにすべてのお名前をあげることはできないが，多くの方のご教示とご指導の賜物である。特に，中央大学企業研究所の研究においてお世話になった岸真清中央大学名誉教授には衷心から御礼申し上げたい。また，内藤徹雄共栄大学名誉教授には筆者の銀行勤務時代から現在までご指導と激励をいただいた。そして中條誠一中央大学経済学部教授には同大学大学院経済学研究科にて講義を担当させていただいた時以来，折に触れ貴重なご示唆をいただいた。更に，松本大学松商短期大学部の同僚の諸先生には常日頃，研究への取組みについて温かなアドバイスを数多くいただいた。これら全ての方々に厚く感謝申し上げる。

　最後に，本書の出版にあたっては，三恵社常務取締役木全俊輔氏と土肥雅人氏にいろいろとご苦労をおかけした。この場を借りて御礼を申し上げておきたい。

2015 年 10 月

藤波　大三郎

目次

まえがき

目次

第1章　わが国の不良債権問題とイノベーション・・・・・・・・・・・・1

　はじめに・・・・・・・・・・・・・・・・・・・・・・・・・・・・・・1

　第 1 節　高度経済成長と金融システム・・・・・・・・・・・・・・・2

　　1.1　金融システムのタイプ・・・・・・・・・・・・・・・・・2

　　1.2　高度経済成長を支えた金融システム・・・・・・・・・・・2

　　1.3　資本市場中心型と銀行中心型の金融システム・・・・・・・・3

　　1.4　銀行中心の金融システムの形成過程・・・・・・・・・・・4

　第2節　高度経済成長の終わりと金融システム・・・・・・・・・・・5

　　2.1　激変緩和措置・・・・・・・・・・・・・・・・・・・・・5

　　2.2　規制緩和の時代の銀行行動・・・・・・・・・・・・・・・6

　　2.3　金融規制とモラル・ハザード・・・・・・・・・・・・・・7

　　2.4　金融システムと不良債権処理の関係・・・・・・・・・・・9

　　2.5　不良債権処理の終わり・・・・・・・・・・・・・・・・・10

　　2.6　金融システムの再構築・・・・・・・・・・・・・・・・・12

　　2.7　新しい金融システムへの歩み・・・・・・・・・・・・・・13

　　2.8　これからの銀行業・・・・・・・・・・・・・・・・・・・15

　第 3 節　本考察の検討・・・・・・・・・・・・・・・・・・・・・17

　おわりに・・・・・・・・・・・・・・・・・・・・・・・・・・・・・18

第2章　銀行の貸出業務とイノベーション・・・・・・・・・・・・・22

　はじめに・・・・・・・・・・・・・・・・・・・・・・・・・・・・・22

　第1節　銀行の貸出業務について・・・・・・・・・・・・・・・・・23

　　1.1　貸出の種類と金利・・・・・・・・・・・・・・・・・・・23

　　　1.1.1　貸出の種類・・・・・・・・・・・・・・・・・・・23

　　　1.1.2　貸出の金利・・・・・・・・・・・・・・・・・・・24

　　1.2　貸出の構成・・・・・・・・・・・・・・・・・・・・・・28

　第 2 節　新しい貸出手法・・・・・・・・・・・・・・・・・・・・33

vii

第3節　中小企業貸向け貸出について・・・・・・・・・・・・・・・38

　　　3.1　地域経済，中小企業と銀行・・・・・・・・・・・・・・38

　　　3.2　リレーションシップ・バンキング，地域密着型金融・・・・40

おわりに・・・・・・・・・・・・・・・・・・・・・・・・・・・・42

第3章　　銀行の法人取引とイノベーション・・・・・・・・・・45

はじめに・・・・・・・・・・・・・・・・・・・・・・・・・・・・45

第1節　銀行の法人取引の概要・・・・・・・・・・・・・・・・・・45

第2節　メインバンク制　・・・・・・・・・・・・・・・・・・・・47

第3節　中小企業向け貸出と地域密着型金融・・・・・・・・・・・・52

　　　3.1　中小企業向け貸出・・・・・・・・・・・・・・・・・・52

　　　3.2　地域密着型金融・・・・・・・・・・・・・・・・・・・57

第4節　投資銀行ビジネス・・・・・・・・・・・・・・・・・・・・61

　　　4.1　銀行の投資銀行ビジネスの概要・・・・・・・・・・・・61

　　　4.2　M&A 業務・・・・・・・・・・・・・・・・・・・・・62

　　　4.3　シンジケート・ローン・・・・・・・・・・・・・・・・63

　　　4.4　不動産ファイナンス・・・・・・・・・・・・・・・・・65

第5節　銀行の法人取引の将来・・・・・・・・・・・・・・・・・・66

おわりに・・・・・・・・・・・・・・・・・・・・・・・・・・・・68

第4章　　現代の地域金融とイノベーション・・・・・・・・・・73

はじめに・・・・・・・・・・・・・・・・・・・・・・・・・・・・73

第1節　地域金融の定義と内容・・・・・・・・・・・・・・・・・・74

第2節　地域金融機関の3つの役割・・・・・・・・・・・・・・・・77

　　　2.1　中小企業金融・・・・・・・・・・・・・・・・・・・・77

　　　2.2　生活者金融・・・・・・・・・・・・・・・・・・・・・81

　　　2.3　地方公共団体金融・・・・・・・・・・・・・・・・・・84

第3節　地域金融機関経営の将来・・・・・・・・・・・・・・・・・87

第4節　本考察の再検討について・・・・・・・・・・・・・・・・・90

おわりに・・・・・・・・・・・・・・・・・・・・・・・・・・・・91

第5章　高齢者の金融資産運用とイノベーション・・・・・・・・95

はじめに・・・・・・・・・・・・・・・・・・・・・・・・・95

第1節　個人の金融資産運用について・・・・・・・・・・・・96

　　1.1　金融資産運用の目的と支出時期・・・・・・・・・96

　　1.2　金融資産運用の基本的枠組み・・・・・・・・・・97

　　1.3　リスク資産について・・・・・・・・・・・・・・98

　　1.4　2資産ポートフォリについて・・・・・・・・・・99

　　1.5　年齢別の運用目的・・・・・・・・・・・・・・・100

　　1.6　金融資産運用の内容の加齢に伴う変化・・・・・・102

　　1.7　年齢別ポートフォリオの推移・・・・・・・・・・103

　　1.8　高齢者の資産運用の意識・・・・・・・・・・・・105

　　1.9　個人の金融資産運用と年齢について・・・・・・・108

第2節　金融資産運用とイノベーション・・・・・・・・・・108

　　2.1　財産所得による所得増加・・・・・・・・・・・・108

　　2.2　高齢者の金融資産運用の活用・・・・・・・・・・110

　　2.3　金融システムへの影響とリスクマネーの供給・・・・・・113

第3節　求められる政策的支援と望ましい投資教育・・・・・・115

　　3.1　求められる政策的支援・・・・・・・・・・・・・115

　　3.2　望ましい投資教育・・・・・・・・・・・・・・・117

第4節　本考察についての再検討・・・・・・・・・・・・・119

おわりに・・・・・・・・・・・・・・・・・・・・・・・・・120

補論　生活者に対する投資信託の販売とファイナンシャル・プランニング

・・・・・・・・・・・・・・・・・・・・・・・・・・・124

はじめに・・・・・・・・・・・・・・・・・・・・・・・・・124

第1節　投資信託販売の基本的な技法・・・・・・・・・・・125

　　1.1　技法の骨子・・・・・・・・・・・・・・・・・・125

　　1.2　個々の技法とそのポイントについて・・・・・・・126

　　1.3　投資信託を保有することの意義について・・・・・・・131

第2節　具体的なケースを想定した検討・・・・・・・・・・132

　　2.1　リスク許容度の高い若年層のケースについて・・・・・132

　　2.2　リスク許容度の低い既婚中年男性のケースについて・・・・135

ix

第3節　本考察への反論について・・・・・・・・・・・・・・・・・・・・139

おわりに・・・・・・・・・・・・・・・・・・・・・・・・・・・・・141

第1章　わが国の不良債権問題とイノベーション

はじめに

　本章では，わが国の不良債権問題をイノベーションの観点から考察し，新しい金融システムについて検討したい。サブプライムローン問題，そしてリーマン・ショックに端を発する世界的金融危機の時，わが国の不良債権問題の経験を世界に提言すべきであるといったことが言われた。こうした意見にはやや無理があったと考えるが，わが国の不良債権問題を再考し，これからの新しい金融システムを考える契機にはなった。

　わが国の場合，不良債権問題の原因はバブル景気の下で発生した不動産価格の上昇を背景にした銀行の不動産関連融資の失敗とされる。当時は，そうした融資を行なうしかなかったという意見が多く，時代の熱狂に押されたとも言われる。

　しかし，一部の銀行，例えば旧三菱銀行（現三菱東京ＵＦＪ銀行）のように，こうした融資を出来るだけ避け，その結果財務基盤の毀損が少なく，相対的に業界内での地位を向上させた銀行もある。また，時代を言うのであれば，わが国の不良債権問題は，銀行に時代の変化に対応する能力が乏しく，適切な対応が出来なかったから起こったということになる。

　当時，都市銀行の中には「イノベーション」という言葉を経営計画の標題に掲げて業務に取り組んだ銀行もある[1]。こうした言葉が用いられるということは，銀行業に革新・飛躍が必要であると認識されていたからではないか。

　また，当時の銀行は株価の上昇を利用して「益出し」と言われる保有株式の一時売却と買い戻しによる利益を計上していた。表面的には増収増益とはなっていたが，新しい確固とした収益源がない，つまり真に新たな利潤をもたらすイノベーションがないからこうした事が行われていたとも考えられる[2]。

　本章ではこうした点を踏まえ，不良債権問題とイノベーションについてマクロ的な視点とミクロ的な視点，そして理論的側面と制度的，歴史的側面から考察し，個人金融資産の額が1,700兆円に達する中で迎えた高齢化社会の到来も踏まえた上で，今後の新し

1

い金融システムについて考察してみたい。

第1節　高度経済成長と金融システム

1.1　金融システムのタイプ

　一般に金融システムには相対型と市場型があるとされ，それは銀行中心型と資本市場中心型であるとされる。歴史的に近代的資本主義の成立が早かった英国，米国においては資本市場に基礎を置く金融システムがとられている。一方，比較的遅く近代的資本主義社会となったドイツ，日本は銀行中心のシステムとなっている。

　また，金融システムの分析では広く知られた直接金融と間接金融の分類があるが，これは 1960 年代の米国を対象としたものである。その基準は資産変換が行われているかということであるが，現在ではこの直接金融と間接金融に相対型と市場型を組み合わせた 4 種類の分類，つまり，①市場型間接金融，②相対型間接金融，③市場型直接金融，④相対型直接金融といったタイプが考えられている。

　こうした金融システムの分析に対して，ハーバード大学のグローバル金融システム・プロジェクト（Global Financial System Project：GFSP）によって提唱された「機能本位の視角（Functional Perspective）」がある。この機能本位の視角では，金融システムを 6 つの基本的機能に即して把握する。すなわち，①決済手段の提供，②資金のプール化と持分の分割，③リスク管理手段の提供，④経済資源の移転，⑤価格情報の提供，⑥インセンティブ問題の解決である。

　このようなアプローチが考えられた理由は，第一に，金融システムを構成する金融機関よりも金融システムが果たしている機能の方が安定的であるということである。第二に，金融システムがその基本的な諸機能を適切に果たせるように金融機関が変化する，つまり，具体的な金融機関の組織体系はイノベーションや競争を通じて変化してゆくと考えるからである。そして，第三に，組織体としての金融機関が伝統的に占めていた役割が，次第に金融市場によって代替されてきているからである。特に第二の金融機関の組織体系の変化とイノベーションはわが国の不良債権問題の検討にとり，重要な点と考える。

1.2　高度経済成長を支えた金融システム

　歴史的に見ると第二次大戦後の人為的低金利政策と護送船団方式を採用した金融システムは高度経済成長を支えたのであるが，これは開発主義金融と呼ばれる。開発主義とは，一般に産業化の促進を目的として政府が市場に対して介入するような政策体系を

言う。これは成長産業の政策的育成と，その過程で生じるかも知れない社会的問題を緩和する分配政策からなる。この政府の介入手段となるものが金融システムである。

この時代の金融システムは，戦時体制，戦争遂行に必要な資金配分を円滑に行うための資金配分の統制を，概ねそのまま戦後の経済体制に持ち込んだものである。この体制を野口悠紀雄は「1940年体制」と呼び，1940年体制によって確立された金融システムが資源を成長分野に割り振るうえで重要な役割を果たしたとしている[3]。

高度経済成長はいわゆる日本的経営と1940年体制の下で確立された金融システムによるところが大である。一般には旧通商産業省（現経済産業省）の産業政策によるところが大きいと考えられているが，産業政策的な政府介入がどの程度の重要性をもっていたかは疑問であり，経済学者は一般に否定的な見解をとっている[4]。

なお，人為的低金利政策は効果を上げたが，マッキノンによれば，こうした意図的な低金利政策は均衡金利より低い収入を銀行にもたらし，そして，それは預金者に転嫁され，インフレの下ではネガティブなものとなるとされていた[5]。そして，ショウによっても，社会的損失が起こり，こうした金融抑圧政策は所得分配の不平等を起こすとされていた[6]。

この人為的低金利政策は，そもそもは戦後の混乱期のインフレの中で預金獲得競争に歯止めをかけるために導入された競争制限的規制である。それがそのまま継続され，低い資金コストによる各産業への資金提供を可能にした。情報の非対象性が大きい発展段階の経済においては，こうした介入は効果がある。

1.3　資本市場中心型と銀行中心型の金融システム

資本市場中心型と銀行中心型の差はなにかと言えば，それは情報の処理についてである。資本市場中心型は多くの市場参加者による投資内容の判断が行われることから，多面的な見方が行われる。一方，銀行中心型の場合は少数の銀行による判断しか行われず，事前判断の能力は低いが，金融取引を行った後の事後管理において優れている。従って，物事の革新的な状況，技術進歩の飛躍，つまりイノベーションが起こるような時には資本市場中心型が有利と考えられている。

わが国の場合，1970年代半ばに概ね先進国となったが，そこで金融システムが間接金融から直接金融へと移行する必要があった。キャッチアップ経済の時代は，企業は何を作れば良いかわかっていた。北野一は，「それが先進国になり，創造の時代になるとそうはゆかない。三種の神器や3Cは作れば売れた。しかし，モノが行き渡ると次に何に投資すればいいのかわからない。投資のリスクは飛躍的に増大する。リスクの大きな投資には銀行からの借入金はなじまない。（中略）リスクをとる投資を行なう企業は，

資金を株式の形態で自己資本として調達することになる」と述べ，1970 年代後半から
の自己資本比率の上昇は，先進国入りした日本にとっては必然の結果であったとしてい
る[7]。

　しかし，この意見には疑問もある。なぜなら，資本市場中心型における投資家による
多面的な判断と言っても投資家は当該技術の評価能力が高いというのではなく，銀行預
金と異なって元本割れも厭わないリスクを取り，そのリスクに見合うだけのリターンが
あるから投資が行われるのではないか。一方，銀行中心型であっても金融のアンバンド
リングが行われて貸出債権が譲渡されれば，銀行の貸し手としての事後のモニタリング
機能にどれほどのものが期待できるのであろうかということである。これはサブプライ
ムローン問題で指摘された点である[8]。

　従って，銀行型の監視機能の能力維持の源泉は，債権の保有者，つまり投資家である
ことにあると考える。一方，市場中心型の投資能力の源泉は，投資の元本割れをも受け
入れるリスク負担力，つまりリスクマネーという資金の質にあると考える。

1.4　銀行中心の金融システムの形成過程

　戦後の金融制度改革では米国のグラス・スティーガル法と同様に，銀行・証券の分離
が行われた。戦前の銀行では，ユニバーサル・バンキングが認められていた。そのため，
銀行は社債の引き受けなどにおいても大きな役割を果たしていたが，戦後はその機能は
なくなっている。しかし，銀行の株式保有は認められており，この点は米国とは異なる。

　また，社債の受託銀行制度が残ったことから社債市場では銀行が大きな役割を果たし，
その発展を抑圧することとなった。資本市場への企業のアクセスを制限したことは，先
述の「機能本位の視角」からすれば，「経済資源の移転」を抑圧したことになる。

　高度経済成長期の金融システムは，金融システムの安定性を確保しつつ，経済発展を
促進するために貯蓄の動員を図るというものであった。これらは，先述の通り，護送船
団方式と人為的低金利政策として実現された。人為的低金利政策が行われた背景には，
当時の日本の金利水準が国際比較で見て割高であるという認識もあったからであり，そ
れが産業育成を妨げるとされた。しかし，成長力の高い国の金利が高いというのは当然
のことである。であるから，人為的低金利政策を実施するためには為替規制を行って国
内外の資金移動の遮断を行うといったことが必要であった。また，自然な形で金利の低
下を促すには資金の供給が必要であるが，当時，国内の資金は多くはなく，需給バラン
スによる金利低下は望めなかった。そこで人為的低金利政策がとられた。こうした抑圧
された金融システムの中では信用割当が起こり，いわゆるメインバンク制を強固なもの

とした。

　また，経済の発展段階における情報の不足は，メインバンク制によっても補われた。情報の不足は市場の機能不全と考えられる。そのような状況で，メインバンクが企業の監視機能を発揮することにより協調融資という体制を作り出し，企業が多くの金融機関から融資を受けることを可能にし，情報不足を緩和したのである。

第2節　高度経済成長の終わりと金融システム

2.1　激変緩和措置

　1970年代半ばに日本は先進諸国に追いつき，開発段階を終了したことによって高度経済成長は終了した。これにより金融構造は大きく変化し，資金不足から資金余剰の時代へとなった。金利規制についても現先取引という自由金利取引が増大し，規制金利体系は崩れ始めた。そこで銀行も1979年に譲渡性預金を導入し，銀行から離れつつある資金の引きとめに向かった。ここに預金金利自由化の始まりがあるが，先述の通り，資金余剰の状態では金利規制を行い，貯蓄増強を金融機関に行わせる必要もない。理論的にも金利規制は終焉するべき状況になっていた。

　しかし，金利自由化は銀行にとり既得権，レントの喪失につながる。利鞘が保証された規制金利の枠組みは銀行としては維持したいものであった。銀行は預金吸収のために多くのコスト，つまり店舗の設備投資や渉外行員，店舗におけるカウンター係等の人材育成に力を入れていた。過去の環境に適合するように行動していた銀行には，「変身」は困難なことだった。

　しかし，こうした流れの中，米国の格付機関は日本の銀行の規制金利預金の割合をチェックするようになり，自由金利預金の割合が高い程，規制緩和への対応が出来ているという判断をしていた。預金金利の自由化が進んでいた米国の経験からそうした判断がされていたのである。銀行の経営者としても，資金コストの上昇への備えは行わなくてはならないとしながらも難しい課題だった。そこで，銀行としては金利の自由化を遅らせるだけ遅らせるという要望，激変緩和措置の要望を政府に行った。実際，金利規制が廃止されたのは1994年という不良債権問題が発生し，景気も後退して金利水準が低下してからであった。

　政策が立案された時と環境が変わったにもかかわらず，同じ政策が維持されることは政策が無効になるだけでなく，有害になる場合がある。この開発主義による金融システムを，いわば「慣性」により温存したこと，温存と言わずとも激変緩和政策をとって徐々に変更していったことは，不適切な金融規制であったと言われてもしかたがないだろう。

また，銀行は状況の変化に応じて業務の革新に取り組むべきであった。規制緩和に激変緩和措置を求めて時間稼ぎを行うのであれば，同時に新たな環境に適応するための努力，イノベーションに取り組むべきであったのではないか。

2.2　規制緩和の時代の銀行行動

　預金金利規制の緩和と大企業の銀行離れは，都市銀行を高い運用利回りが期待できる中小企業融資へと向かわせた。その理由は資金コストが上昇するのであるから高い貸付金利が得られる長期貸出と中小企業融資を伸ばすしかないということであった。当時の都市銀行は中小企業融資比率を競い合うようになり，これには米国の格付機関もその行動を金利自由化への対応としてプラスの評価を与えていた。つまり，預金金利の規制緩和への適切な変化，対応と考えていた。

　しかし，大企業への融資に優れた能力を発揮した都市銀行が中小企業融資，つまりリテール・バンキングにおいても優れているとは限らない。実際，都市銀行の中小企業への貸出についての審査能力というものは高いものではなく，そのため中小企業への融資は不動産担保による融資が行われた。この都市銀行の不動産担保による中小企業への融資は，地方銀行，第二地方銀行，信用金庫，信用組合等の小規模金融機関をも，競争上，不動産担保による融資拡大へと向かわせた。これが，不良債権問題が小規模の地域金融機関にも起こる一因となった。

　そして，銀行は1980年代後半の地価の上昇を受けて不動産関連融資を著しく増大させた。1994年から1996年まで旧大蔵省の銀行局長であった西村吉正は，「これは一案件当りの貸付け規模が大きく効率が良いこと，長期貸出で利ざやが大きいこと，不動産担保で行なわれリスクが小さいと考えられたこと，などの要因によるものである」と述べている[9]。

　しかし，この不動産関連融資は，銀行が積極的に意図して取り組んでいた取引ではない。地価上昇という状況に対し，受動的に行なったものと言える。不動産関連融資は米国の格付機関からはリスクの高い融資，ひとつのセクターへの集中度が高まる融資であるとしてネガティブな評価が行われていたが，銀行はそういう意見を知っていた。にもかかわらず，不動産関連融資が増大した理由は先述の中小企業向けの融資が小口であり手間がかかること，そして新規の融資先を見出すことも難しいという状況があった。そこで多くの銀行が不動産関連融資に取り組むようになったのである。これは大企業の銀行離れ等で貸出市場の需要が減少したところへ，不動産関連融資という需要がバブル景気を背景に現れ，その需要に銀行が応じたと言える。

6

第 1 章　わが国の不良債権問題とイノベーション

　また，銀行は海外への投融資にも積極的になり，国際業務利益の増加，つまり，米銀等の組成したローンへの参加と国際債券投資による資産積み増しが目指された。国内では中小企業向けのリテール，海外ではホールセールという方針が都市銀行の経営戦略として取られ，これ以外に都市銀行が与えられた金融システムで生き延びる方策はないとされていた[10]。

　なお，ここで国内ではリテールと言いながら，その実態は従来の産業金融モデルから変わったわけではないと言われる。池尾和人は，「日本の銀行員の多くは本音の部分ではいまだに産業金融をリーテイル・ビジネスよりも尊いものだと思っている。『これからはリーテイルの時代だ』と言っていても，端々に産業金融へのこだわりが感じられる」と述べ，こうした産業銀行的組織文化こそが，日本の銀行がリテール・バンキングに徹することを阻む最大の障害になっていると指摘している[11]。

　当時，金融規制が状況の変化に応じて変わっていれば都市銀行の行動も異なっていたであろう。つまり，銀行中心の金融システムから資本市場に基礎を置く金融システムへと移行する時期であるのであるから貸出市場の需要の縮小に対応して銀行の業務も自由化し，証券市場への参加を認めれば良かったのではないだろうか。当時は金融制度改革が必要なことについて議論はされたものの，実際にはほとんど進展がなかった。なぜなら，それは証券業界との業際問題となり，銀行と証券の利害対立の問題となって，政府はその調整に手間取ったからである[12]。

2.3　金融規制とモラル・ハザード

　先述の通り，銀行規制は護送船団方式と呼ばれる制度が採用され，競争制限的な規制が強く行われていたわけであるが，これは日本独自のものではなく，カルテル金融体制は大恐慌時代の 1930 年代の米国において成立した銀行規制の体制が最初であり，米国においても存在していた。これには，参入規制という業態外からの競争圧力から守られるという点と，業態内での金利規制，店舗規制等があった。

　これによって銀行業界全体，特に都市銀行は，先述の通り，市場取引で得られる以上の超過利潤，レントを得ていた。しかし，これを維持するためには金融当局がカルテルを破る者を抑えることが必要であった。そこから金融についてのイノベーションが抑制されることとなった。つまり，銀行に求められる効率性を犠牲にしていたということである。

　しかし，こうした中でもイノベーションに取り組むことが重要ではなかったのだろうか。

7

例えば中小企業融資を行なうための専門部署と人材養成機関を作り，戦力を向上し，新規の顧客を得ることを目指すことはできなかったのだろうか。

シュンペーターは，需要が飽和したモノやサービスに代わって新しいモノをつくり出すこと，すなわちイノベーションこそが資本主義経済における企業あるは企業家の役割なのだと説いた。吉川洋は，イノベーションによって新しいモノが生み出されるから，恒久的に需要が飽和することはないとし，「『需要創出型のイノベーション（demand-creating innovation）』が資本主義経済を根底において支える最も重要な核だと言えるのではないか」と述べている[13]。こうした活動がなかったことが，バブル時代の不動産融資へと多くの銀行を，受動的とは言え，向かわせたと言えよう。

銀行業は規制が強かったのでイノベーションが出来なかったというのであれば，不動産関連融資も事前にリスクの高い融資として，当局から1990年の不動産融資の総量規制が行なわれる前に封じられていたはずである。

この不動産関連融資の増大については，先述の通り，米国の格付機関からネガティブな評価が行なわれていたのであり，疑問なしとしない融資であることは少なくない数の銀行は認識していたと推察する。

しかし，米国の格付機関は不動産関連融資を理由に邦銀の格付を引き下げることはしなかった。その理由の一つは，米国の格付機関は，日本の銀行は全体として大蔵省の暗黙の保護の下にあり，破綻は避けられるという認識を持っていたからである。

そういう意味では，モラル・ハザードが銀行にあったから不動産関連融資に走ったと言われるかも知れない。しかし，各銀行の個々の融資担当者がモラル・ハザードに陥っていたとは考えにくい。

ともあれ，個々の場面で最適を追いかけることにより，全体としては不適切な結果を招くという意味で，これも時間的な意味で市場の失敗であった。目の前に現れた不動産関連融資という需要に対応することは，銀行としてはその時点では最適な行動だと考えられた。しかし，時間が経過して見ると結果的に不適切な行動となってしまった。

このような行動を銀行が行った理由に，その業績が半期毎に計測されるという短期的人事評価制度の存在がある。銀行の業績評価は6ケ月単位で行われる。このような短期間に業績を上げようとすると，取り組みやすい融資案件を優先することになる。一般に市場は短期的には非効率的になる場合があるが，長期的には効率的になると言われる。銀行の短期的な視点による業績評価は融資判断を不適切なものとし，長期的に非効率な貸出に向かわせたのである。

シュンペーターはイノベーションの内容を新結合として説明したが，その内容に沿っ

第1章　わが国の不良債権問題とイノベーション

て銀行セクターの行動を見てみると，第一に新しい商品の創出がなかった。現在では，ビジネス・ローンと言った中小企業向けのローン商品が開発されているが，当時，銀行はそうした商品を開発できなかった。第二に，新しい生産方法の開発であるが，製造業に比べて生産方法の開発は遅れていたと言えよう。システム投資は大規模に行なわれていたが，効果的なものとは言えなかった。第三に，新しい市場の開拓であるが，先述の通り，中小企業融資へ向かったことは認められるが，その手法は適切なものとは言えなかった。第四に，原材料の新しい供給源の獲得の点かすれば，預金市場での預金は，「集める預金から集まる預金へ」という考え方が広まり，クレジットカードの決済口座や給与振込み口座の獲得が競われた。これは一定の効果を得ていたと考える。そして，第五に，新しい組織の出現という点であるが，当時，都市銀行では，総本部制や逆にフラットな組織など様々な組織が模索された。しかし，根本的な取り組みといったものはなく，既存の組織の組み換えに留まっていた。

　全体として，銀行はイノベーションを起こし，新しい需要と供給の組み合わせを作ることには失敗したと言える。縮小する貸出市場での需要に対して，新たな需要を創出するか，供給の仕組みを変えるかと言った取り組みに注力することが銀行の適切な対応だった。それが，不動産関連融資という需要がバブル景気により与えられたことにより，そうした努力が鈍ってしまったと言える。

2.4　金融システムと不良債権処理の関係

　1990 年代のわが国の不良債権問題においては，日本の金融システムが銀行中心型であったため，その処理の過程が長引いた。いわゆる「追い貸し」が衰退する企業に対して行われ，「不良債権隠し」などと揶揄される状況が生じていた。1990 年代前半は，銀行は株式含み益を依然として多く持っており，不良債権を処理する体力はあったにもかかわらず，その機会を結果的に逃した。

　結果的に，と述べたのは，不良債権への態度は当時の日本人のメンタリティーにもあっていたと考えられることである。実際，不良債権処理の厳格化を進め，また，株式含み益の減少で体力が低下し，自己資本比率規制の問題もあって融資を抑制するようになると，銀行は「貸し渋り」という批判を多く受けた。長期的取引関係を重視する先述の高度経済成長システムになじんだ国民，マスメディアには，そのような受け止め方が自然であった。

　2008 年にはリーマン・ショックに端を発する金融危機で不動産業を中心に多くの企業が倒産した。これらの大半は金融支援を打ち切られたことによるものである。銀行が

9

このようなスタンスを取ったことは 1990 年代とは異なる。それは 1998 年に早期是正措置が金融規制として導入されて銀行の中で信用格付が行われ，信用格付が低下した企業に対しては，迅速な対応がとられたからである。

　一方，現在の企業経営者は 1990 年代に銀行が行った貸し渋りのことを忘れてはいないのであり，そうであるから企業の設備投資は内部留保の範囲内で行われ，銀行借り入れの返済が続いていると言われる。確かに，民間非金融法人企業は全体としては資金余剰主体となっており，この状態は 1998 年から続いている。こうした状況から，2008 年以降の世界的金融危機の後も大手銀行の首脳は貸し渋りなどないといったコメントを発表していた。これは，企業の中でも資金需要があり，CP や社債発行で対応できる企業，資金需要があっても資本市場にアクセスできず，銀行借入に依存している企業，実質的に無借金の企業等，企業の中に多様な財務状況の企業があることから起きていると推察する。東証第 1 部上場企業の半数は実質的には無借金会社であり，大企業ほど銀行離れは進んでいる。一方，中小企業はグローバル化に失敗し，衰退を続け，財務的にも銀行依存を止めることもできない企業も多いということである。そうした中，金融庁は 2009 年 4 月より大手銀行・地銀などに「貸し渋り検査」に着手した[14]。そして，この流れは 2009 年 12 月の中小企業金融円滑化法の制定へと繋がった。

　しかし，こうした衰退する中小企業への銀行の取り組みは，近年，変わってきている。事業再生・経営支援という考え方が広まり，不良債権として切り捨てることなく金融支援を続けてゆく傾向がある。これは注目すべき動きである。

2.5　不良債権処理の終わり

　1990 年に株式市場からバブルが崩壊し始めたが，当時，それに気がついている者は少なかった。西村は，「1990 年代初めの頃は，日本では『地価をなんとかしろ』ということだけが，心配の種だった。21 世紀は日本の世紀だ，との声が日本に満ちていた。ロサンジェルスで黒人暴動が起こったのは，1991 年 4 月のことである。誰もが，アメリカ社会は病んでいる。アメリカの時代は終わったと思った」と述べ，金融の世界もその例外ではなく，むしろアメリカが自信を失い，日本が得意になっている典型的な分野だったかもしれないと指摘している[15]。

　しかし，やがて 1992 年頃から本格的にバブルが崩壊してゆき，不良債権問題で経営困難な金融機関があらわれると，バブル景気時代の放漫な貸付から生じた問題は自己責任主義で処理されるべきだという論調が主流を占めた。

　その理由は当時の経済状況にも原因があったと考える。クーは，バブル崩壊で失われ

た国民の富は土地と株だけで1,500兆円に達しており，平時でこれだけの巨額の国富が失われたのは，おそらく1990年代の日本のバブル崩壊による不況が初めてだと考えられるが，1,500兆円の国富が失われたにもかかわらず，この間の日本のGDPはいっさい減らなかったと指摘している。「『不況だ，不況だ』と十数年間言われ続け，通常であればGDPが激減したはずなのにGDPは減らなかった」と述べ，GDPが政府の景気対策で維持されたとしている[16]。

つまり，企業の本業は堅調であって，一般の個人もさほどバブル崩壊で影響を被ったと実感しておらず，金融機関の問題を自らの生活上，政治上の問題とは感じなかった。

そうした中で金融当局が本格的に不良債権処理に乗り出したのは，1995年に「金融システムの機能回復について」という指針を出した時である。思い切って金融機関の破綻処理に取り組むことを示すと同時に，預金者に不安を与えないため，5年間はペイオフはしないとの方針をここで打ち出した。西村は，「その後起こった色々な破綻処理に関する議論は紆余曲折を経たように見えるが，大筋はこの時示された方針の範囲内のものである」と述べている[17]。

公的資金投入に関するマスコミ・世論の態度が変化したのは，1997年秋の金融システム危機の顕在化以降である。先述の通り，それまでは，国民のほとんどにとって不良債権問題は基本的に「他人事」であって，国民には関わりのないことだとみなされていた。というのは，国民のほとんどは預金者として銀行に関わっているだけであり，銀行が不良債権問題でいかに苦しもうとも自らの保有する預金の価値は保証されていて，安全だと信じられていたからである。池尾は，1997年秋の大型金融機関破綻等から，「国民の多くにとっても不良債権問題は他人事ではなく，自らの雇用や事業の維持に関わる問題だと認識されるようになった」と述べている[18]。そして，状況は一変し，1998年の金融国会で金融再生法と早期健全化法からなる破綻処理スキームが出来た。

2000年代に入り，りそな銀行への資本注入，足利銀行の破綻処理を終え，実体経済が円安誘導政策によって回復しはじめて大手銀行の業績も回復し，図表1-1のように2005年頃には不良債権処理を概ね終えた。

なお，2008年の世界的金融危機の影響と2007年秋に始まった景気後退から不良債権は再び増加したが，この原因は景気の急速かつ大幅な後退によるものであり，1990年代の不良債権とは性質が異なっていた。

図表 1-1 金融再生法開示債権の残高と不良債権処分損の推移（全国銀行）

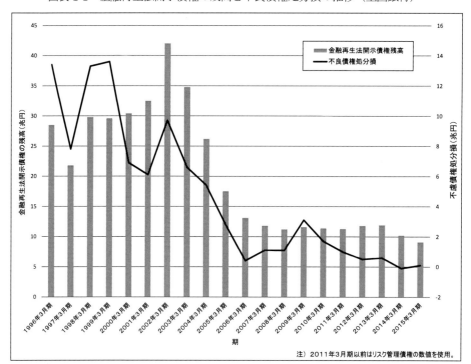

（出所）金融庁ホームページ「金融再生法開示債権の状況等について」より作成。

2.6 金融システムの再構築

金融システムの崩壊への対応は 1990 年代に徐々に始まっていた。特に 1996 年に提唱された日本版金融ビッグバンは，不良債権問題処理に躓いた政府の威信を回復させることもあって始められたと言われ，1980 年代以降の漸進的な金融制度改革の失敗に対する敗者復活戦と言われた。こうした事が行われたこと自体，それまでの規制緩和が不十分であったことを示していた。だからと言って規制緩和があれば不良債権問題がなかったと言えないことは米国のサブプライムローン問題が示している。

この日本版金融ビッグバンは規制緩和の面では相応の成果をあげている。不十分と言われた制度基盤整備についても，例えば 2007 年に証券取引法を改正して金融商品取引法を制定し，包括的な金融サービス法に近づいている。金融商品取引法の制定は，先述の「機能本位の視角」からすれば，「インセンティブ問題の解決」，つまり，モラル・ハ

第1章　わが国の不良債権問題とイノベーション

ザード等の問題解決への手段を提供したと言える。

　また，大手銀行は大合併を行いメガバンクへと変化した。こうして金融制度改革もあって規模の拡大と業務の拡大が可能となったが，組織の肥大化や複雑化は経営上の問題を引き起こす。この点からすると，合併よりは持ち株会社による複数の金融サービス会社のグループ化，つまりグループ・バンキングの方が組織的には優れていると考える。メガバンクは全てが金融持ち株会社による金融グループになっている。

　こうしたメガバンクの登場は，独占化，寡占化を招き社会全体にとり，問題がないとは言えないが，国際的に活躍できる銀行の数は少なく，日本にはその「席」は3程度という認識が金融界には多く，メガバンクの出現は歓迎された。

　また，現在の金融規制では銀行を破綻させないことではなく，破綻しそうな銀行を早期発見，早期処理することがポイントとなっている。しかし，この早期是正措置の考え方は，従来の企業と銀行の長期的な関係を重んじる考え方に影響を与え，事実上，このような関係を封じる可能性もある。つまり，取引先の状況悪化が発生すると銀行は自らが早期是正措置の対象となることを逃れるために，企業取引を処理することになる。それを防ぎ，金融機能を円滑に提供するには企業取引について，企業の経営内容が悪化する前に経営支援策を融資先の企業に対して取る必要がある。この点からすれば，銀行のサービスの一つである資金提供機能は，知識提供を伴う資金提供機能へと付加価値を高めたサービスへの転換が求められている。

2.7　新しい金融システムへの歩み

　以上のように戦後の資金不足を前提とした金融システムは，その役目を20年以上前に終えたのであり，不良債権の発生とその処理も終えた現在では新しい金融システムが求められている。その姿の基本は，いわゆる柳沢ビジョンで示された相対型中心の金融システムから，市場型の金融システムとの並存・併用するシステムへの転換であり，市場機能を中核とした複線型の金融システムの再構築が求められているのである[19]。市場金融モデルの比重を高めるという考え方は，先述の「機能本位の視角」で重視する金融市場中心の金融システムに近い考え方である。

　情報が一般に公開された上場企業については市場機能を活用した金融システムが適当であり，情報が一般に公開されない中小企業や零細企業については相対型金融システムが優位に立つ。

　ダイヤモンドは，銀行は預金者を代表して借り手を監視するため，モニタリングの情報コストにおいて貸し手と借り手による直接金融より相対的に優位であると指摘して

13

いる[20]。中小企業取引ではこの説が妥当し，相対型間接金融が有効と思われる。

　また，相対型の金融システムによる貸出債権を流動化してリスク負担を分散するローン・パーティシペーションやシンジケート・ローン，証券化の技術も重要であり，相対型と市場型はそれぞれが補いあうことのできるシステムであって，複線型の金融システムは妥当性が高い。

　これにより社債市場，CP 市場，つまりデットの市場への需要も高まるが，リーマン・ショックによる金融危機でわかったように社債市場，CP 市場も機能しなくなる時がある。リーマン・ショックによる金融危機で銀行は社債，CP を発行する大企業から，その代替としての貸出を求められた。つまり，間接金融システムは直接金融システムからバックアップを求められたのであり，共に補いあう存在と言える。

　社債市場，CP 市場に言及したが，ここでサブプライムローン問題でもその問題性が指摘された格付について触れる。そもそも格付は米国で始まった制度であるが，それは専門家のためのサービスではなかった。発行される債券の質を投資する一般の投資家に対して平易な格付という符号で表したものでしかない。

　野口は，「今回の問題の本質は，本来行なわれるべき『資産のプライシング』（価格付け）が行なわれず，それに似て非なる『格付け』に全面的に依存したことだ」と指摘している。そして，「『プライシング』（価格付け）理論は，ファイナンス理論の中核である。しかし，『実務と関係がない机上の空論』と考える人が多い。そして，実務では証券化された金融商品の価値評価を，プライシング理論を活用して行なうのではなく，格付機関による『格付け』に依存していた。いわば評価を『他人任せ』にしていたわけである」と述べている[21]。

　確かに格付に依存して金融の専門家が投資活動を行なったことは事実である。しかし，市場型の金融システムではこうした情報インフラの整備が必要である。池尾は，「自分で全部調べないと取引できないという状況だと，多くの参加者を募った市場型の取引なんかができるわけがありません」と述べている[22]。格付に問題があったことは確かであるが，その精度の向上，および情報インフラ全般の改善を考えるべきではないだろうか。どのような高度な金融システムでもイノベーションは常に求められることをサブプライムローン問題は示した。

　また，「貯蓄から投資へ」というスローガンで個人から企業への直接投資を誘導することも問題がある。情報処理において劣るアマチュアがプロがひしめく市場に参加することは難しいことではないだろうか。そこで古典的な直接金融の拡大ではなく，現代的な市場型間接金融という仕組みを用いることが必要となり，投資信託という金融商品が

第 1 章　わが国の不良債権問題とイノベーション

注目されることになる。これは後述する高齢化社会への対応でもあり，資本市場の機能を強化する効果的な手法である。

　2008 年から始まった不況の中で，池田信夫は，「こうした状況では短期的な財政・金融政策に大した効果はありません。民間の経済主体が自分のリスクでチャレンジするしかないでしょう」と述べ，このチャレンジを可能にするためには資本市場の機能が重要であると指摘している[23]。この考え方は日本銀行の量的・質的金融緩和が効果を発揮しても否定できないと思われる。

　1998 年 12 月に銀行に投資信託の販売が解禁されてから 15 年以上が経過するが，現在では投資信託の販売の 50％程度が銀行経由となっている。投資信託の窓販は，先述の「機能本位の視角」から見れば，「資金のプール化と持分権の分割」の仕組みの提供サービスのネットワークが広くなったと言える。

　この投資信託を活用し，そこから資本市場を通じた金融システムのパイプを太くしてゆくことが必要である。そして銀行もそこから収益を得てゆくことが求められる[24]。資本市場中心型の金融システムとなっても，銀行は国民と多くの接点を持っている。銀行の持つインフラをこの変化に投じるべきであろう。投資信託の銀行窓販にはこうした深い意味がある。

2.8　これからの銀行業

　こうしてみると，これからの銀行は市場型の金融サービスと銀行型の金融サービスをグループ・バンキングで提供しつつ，銀行本体はリテール・バンクとなると考える。つまり，市場型の金融サービスは，グループ内の証券会社が担当し，銀行はリテール・バンキングに取り組むのである。そして，そのグループの中には，保険会社，資産運用会社，信託会社といった様々な金融機能をもつ企業を含める。そうしたサービスの束を銀行の支店，インターネット，コールセンターを通じて顧客に提供するのである。

　池尾は，「リテール・バンクが扱う金融商品やサービスは，新奇なものではなく，日用品（コモディティ）化したものである。それゆえ，質とコストが厳しく問われることになり，リテール・バンクにおいては，これまで日本の製造業が行なってきたような品質管理と改善の努力を通じるコスト削減が不可欠となる」と述べ，この意味で，リテール・バンク業は，地道に汗を流すことが求められる商売であるとする[25]。

　また，こうしたリテール・バンクには低コストの雇用も取り入れなければならない。日本型金融システムと行政の将来ビジョン懇話会の報告書では，「わが国の金融機関は相対的に高学歴の職員を業務内容に関わらず厚遇してきたが，こうしたやり方で競争力

15

を維持できないことは明らかである」とされている[26]。コンビニエンス・バンクと言った展開をメガバンクが行なうことも考えるべきである。

そうしたリテール・バンクの機能を構築しつつ，銀行は個人部門の資本市場における資産運用ニーズに応えなくてはならない。わが国は高齢化社会となり個人の資金余剰は減少すると言われ，例えば投資信託にしても団塊の世代が退職する 2009 年で終わるとも言われた。しかし，そうとも言えないだろう。

吉川は，「わが国の労働力人口は，1998 年の 6,973 万人をピークに，今後年率 0.6%ほどのペースで減少し続けてゆく。にもかかわらず多くの経済学者は 2% 程度の経済成長を見込んでいる。GDP が 2% で成長すると，人口が減るので 1 人あたり GDP，すなわち一人当たり所得は年率 2.5% ほど成長することになる。現在 30 歳の人の生涯所得は現在 60 歳の人の生涯所得の 2 倍以上になる計算である」[27]と述べている。

そうした人々の貯蓄は従来に比べれば伸び率鈍化するものの増加する可能性が高く，そこに資産運用ニーズが生じる。21 世紀の経済は，金融経済が実物経済に対して優位となる金融化が生じている。榊原英資は，金融化は日本のような成熟先進国にとっては自然な流れであり，豊かさの継続，経済の成熟は，当然，資産の増大をもたらすと指摘し，「現在の日本は，世界最大の対外純資産をもった資産大国です。その資産の過半は金融資産であり，金融資産の運用は日本にとってその所得の増大を生む大きなエンジンなのです」と述べている[28]。こうした状況に対応する金融サービスをグループ・バンキングとして，包括的に銀行が手がけることが期待される。

ちなみに，藤田勉は，「米国の家計部門の 2007 年の配当・利息収入は，2.0 兆ドルで，これは米国の名目 GDP の 14.5% である。家計部門の利払いを控除した純金融収支は，1.7 兆ドルである。それに対し，わが国の家計部門の 2007 年の配当・利息収入は，13.1 兆円であり，純金融収支は 6.8 兆円であり，名目 GDP の 1.3% に過ぎない」と述べ，金利やインフレの水準が異なるので日米を単純に比較することはできないが，日本の家計部門の資産運用の多様化と国際化を行う余地はかなり高いと思われると指摘している[29]。

そもそも，先述の日本型金融システムと行政の将来ビジョン懇話会の報告書では，「金融システムの将来ビジョンを展望するに際しては，まず，何よりも，システムの利用者，第一義的には，日本国民（個人と企業）の豊かさと利便性の向上が念頭に置かれるべきである」と述べられており，「全世界の貯蓄の約 3 割を日本国民が生み出しており，高齢化社会において可能な限り有利に運用したいという希望は極めて自然である」とされている[30]。

第1章　わが国の不良債権問題とイノベーション

　とは言え，投資信託の普及には問題も多い。それは銀行が理論的にもコスト的にも優れた投資信託を取り扱っても販売成績がよくないという傾向があることである。ローコストのインデックスファンドはほとんどの銀行で取り扱われているが，わが国で人気がある投資信託は，毎月分配型の外債投資信託となっている。つまり，投資についての金融リテラシーが個人の側に不足しており，また，販売者である銀行の従業員についても，そう言える。

　こうした中，2002 年にファイナンシャル・プランナーについての資格であるファイナンシャル・プランニング技能士が国家資格となったことは，先述の「機能本位の視角」からすれば，「リスク管理手段の提供」，つまり，企業や家計などの経済主体が遭遇するさまざまなリスクを管理する手段の提供において，金融教育の点での前進と評価できる。

　しかし，ここでも金融機関にイノベーションの機会はある。金融リテラシーが個人にないことを嘆くのではなく，その状況で取り組めることにトライするべきであろう。個人ための知的サービス産業，価値創造支援産業への変化を目指すことが求められる。

　高齢化社会の到来は不可逆的な変化であり，それに対応した金融サービスの提供が求められ，銀行がこうしたサービスを提供することは社会的責任である[31]。　リーマン・ショックの後，世界的な不況対策が行われたが，引退期の生活に不安が大きいと，消費と貯蓄の関係についてケインズ型の消費関数が妥当するよりも，ライフサイクル仮説が妥当する場合が増加する。すると乗数効果は小さくなる。2008 年の冬から 2009 年の春にかけて起こったわが国の定額給付金を巡る議論の混乱の一部にはこの点も含まれている。銀行は高齢化社会における個人の金融取引に取り組み，引退期の不安の軽減に貢献すべきである。

　また，これらの複線型のシステムをグループ・バンキングという組織体系の中に取り込むことが良い理由は，人事交流，戦略的人事ローテーションを行なえる同一の経営組織の下に置き，個々の部門が自己保身を目的とする共同体となることを防ぎ，金融グループとして統一した顧客志向の方向性を持たせることが必要と考えるからである。ナレッジ・マネジメントの点からもこうした組織は知識創造が起こりやすい。

　そして，業績評価においては短期的な評価体系を改め，長期的な取り組みを評価する体系とすることが不可欠である。短期に得られる情報は少ない。資源の効率的配分には競争的な完全市場が適切であると考えられるが，短期的な判断はその不完全さを助長した。長期的視点で経営が行われるという日本企業の特徴は，銀行の融資判断には機能しなかった。今後，銀行は長期的な取り組みのプロセスを評価する業績評価体系を用いるべきであろう。

第3節　本考察の検討

　本考察への反論としては，第一に，銀行中心のシステムが新しい産業の創出に向いていないという点については，そうとは限らず，たとえば戦後の新興企業群を支えたのは高度経済成長時代の銀行ではなかったかという意見があろう。

　確かに，シュンペーターは銀行の役割を重視し，銀行家は新結合の遂行を可能にして，いわば国民経済の名において新結合を遂行する全権能を与えるのであって，銀行は交換経済の監督者であるとし，吉川は，わが国の銀行も「町工場からソニーやホンダを育て上げた輝かしい実績がある」[32]と述べている。

　しかし，これらは高度経済成長期という時代背景があってのことであり，事実，1980年代に世界の先進国のトップに到達した時代以降について銀行がこうした産業の創出に貢献しているとは言えない。

　第二に，これからの金融システムの在り方に市場的なものを多く取り入れ，複線型のものとするというが，その市場中心型の金融システムにも問題があり，特に米国の投資銀行のビジネスモデルはリーマン・ショックにおいて破綻したではないかという意見があるだろう。

　しかし，投資銀行のビジネスモデルは2000年代に入り肥大化し変質している。これで投資銀行が終わりということはない。投資銀行の本来的な，原点的な業務は，流通市場でのさや取りにあるのではなく，事業会社の財務活動を色々な意味で支援することである。機能としての投資銀行業務は，今後も重要なものとして発展してゆく。ただし，池尾は，「そのあたりノウハウに関して日本の金融機関はまだ弱いということも，変わらぬ事実として指摘しておきたい」[33]と述べている。学ぶべきは，高度な金融機能も行き詰まる時があり，その時にイノベーションに失敗すれば，退出を余儀なくされるということである。

　そして第三に，銀行がイノベーションへの取り組みとしてリテール・バンキングへ取り組んでいれば違っていたというが，それがイノベーションというのであれば簡単過ぎはしないかという点である。

　そのように見えた点にこそ問題があった。リテール・バンキングは銀行の中枢が考えた程簡単なものではなかった。例えて言えば，タンカーのような大型船舶を造っていた造船会社が漁船やボートのような小型船舶を作り，同等かそれ以上の収益を得ようというのである。こうした取り組みはイノベーションなくしては取り組めないものであった。

おわりに

　わが国の不良債権問題の原因のひとつには銀行のイノベーションへの取り組み不足があったことは間違いない。宇沢弘文は，「護送船団方式と呼ばれる大銀行のための金融行政は必然的に，日本の金融機関における金融的節度の欠如，社会的倫理の喪失，職業的能力の低下をもたらした」と述べている[34]。規制の中で既得権に甘んじればイノベーションを行なうことは難しい。高度経済成長を支えた金融規制は，銀行業におけるイノベーションをいわば外側と内側の双方から妨げた。そしてバブル景気を背景に，短期的業績評価制度の下で，将来不良債権となる問題ある融資が誘発されたのである[35]。

　これからはより自由さを増した規制・ルールの下，市場機能を取り入れた複線型の金融システムへの転換が求められる。しかし，システムが高度化すれば良いというものではないことはリーマン・ショックによる金融危機で示された。需要の飽和を突破し，新しい金融サービスをイノベーションにより提供することが重要である。

　そして世界一の高齢化社会となり，巨額の個人金融資産を保有するわが国においては個人の資産運用ニーズは高まる。高齢化という社会的環境の変化に対応し，時代に応じた金融サービスが柔構造でイノベーションの起こりやすい組織，システムにより提供されることが望ましい。

　長期的視点に立ち，企業と個人を支援する価値創造型の金融サービスが不断のイノベーションにより提供されることを期待したい。

注)

[1]　The Taiyo Kobe Bank, LTD, *The Taiyo Kobe Bank, LTD. Annual Report* (1988), p. 7.
　（旧太陽神戸銀行英文アニュアルレポート。）旧太陽神戸銀行の当時の第5次経営計画は，「イノベーション・ファイブ」と呼ばれていた。

[2]　都市銀行の旧三井銀行と旧太陽神戸銀行の合併は1989年というバブル景気のほぼピークの時に決定されている。（合併は1990年4月に行なわれ，行名は太陽神戸三井銀行となり，1992年，さくら銀行に商号を変更した。）当時，合併の理由として「量がなければ質もついてはこない」といった趣旨の理由説明が行なわれた。これは両行の経営者が当時の銀行業務の質，収益の構造・内容に不安を感じていたことを表していると考える。

[3]　野口悠紀雄（1995）『1940年体制』東洋経済新報社，97ページ。

[4]　野口，同上，104-105ページ。

[5]　McKinnon, Ronald I. (1973) *Money and Capital in Economic Development* Brookings Institution, p. 69.

[6]　Shaw, Edward, S. (1973) *Financial Deeping in Economic Development* Oxford University Press, p. 80.

7)　北野一(2008)『なぜグローバリゼーションで豊かになれないのか』ダイヤモンド社, 26 ページ。

8)　つまり，仮に元本割れを認められない資金を元手とした資金の出し手であれば，その数が多数であっても資本市場で情報生産が高まるとは思われない。逆に貸出債権を売却すれば，銀行型の金融システムが事後監視において有利ということでもない。貸出債権を売却した銀行が事業再生の経営支援に乗り出すインセンティブはない。

9)　西村吉正(1999)『金融行政の敗因』文藝春秋社, 43 ページ。

10)　しかし，当時の経済週刊誌には「都銀沈没」と言ったタイトルも現れ，この経営で存在できるかについては不安があった。先述の株価の上昇を利用した「益出し」で決算の改善を行っていることは広く知られていたので，このような見方は自然であった。

11)　池尾和人(2003)『なぜ銀行は変われないのか』中央公論新社, 129 ページ。

12)　邦銀は国内での証券業務が出来ないため，海外での証券現地法人の活動を展開したが，そこにも旧大蔵省の銀行局，国際金融局，および証券局の3局合意による行政指導が行なわれるという状況であった。

13)　吉川洋(2009)『いまこそ，ケインズとシュンペーターに学べ』ダイヤモンド社, 268-269 ページ。

14)　日本経済新聞 2009 年 3 月 31 日付朝刊。

15)　西村，前掲書，57-58 ページ。

16)　クー，リチャード(2008)『日本経済を襲う二つの波』徳間書店，223-224 ページ。

17)　西村，前掲書，114-115 ページ。

18)　池尾，前掲書，8-9 ページ。

19)　蝋山昌一編著(2002)『日本型金融システムと行政の将来ビジョン』財経詳報社，1 ページ。

20)　Diamond, D.W. (1984)"Financial Intermediation and Delegated MonitOring"*Review of Economics Studies*, Vol. 51, pp. 393-414.

21)　野口悠紀雄(2008)『世界経済危機　日本の罪と罰』ダイヤモンド社，72-73 ページ。

22)　池尾和人・池田信夫(2009)『なぜ世界は不況に陥ったのか』日経ＢＰ社，41 ページ。

23)　池尾・池田，同上，282 ページ。

24)　バブル景気の頃，銀行は大会社の銀行離れによって多くの優良顧客を失い，収益を求めて不動産担保による中小企業向け融資と不動産融資に傾斜して行った。しかし，銀行が先述の「益出し」によることなく収益が一定水準あれば，当時のような融資姿勢はとらなかったろう。

25)　池尾，前掲書，127 ページ。

26)　蝋山，前掲書，69 ページ。

27)　吉川，前掲書，210 ページ 。

28)　榊原英資(2008)『間違いだらけの経済政策』日本経済新聞出版社，173 ページ。

29)　竹中平蔵監修藤田勉著(2009)『はじめてのグローバル金融市場論』毎日新聞社，184 ページ。

30)　蝋山，前掲書，14-15 ページ。

31)　こうした中，日本証券アナリスト協会の検定試験の合格者数で 2008 年は 10 年ぶりに銀行員が証券会社の社員より下回った。銀行が証券業務をグループ内の証券会社に移したこともあるかと考えるが，知識集約産業への転換が求められる銀行には問題であろう。

32)　吉川，前掲書，54 ページ。

33) 池尾・池田，前掲書，213 ページ。
34) 宇沢弘文(2000)『社会的共通資本』岩波書店，199 ページ。
35) 最近では成果主義的な業績評価点を見直す銀行も現れている。例えば八十二銀行は長期的観点で地域・顧客への貢献を評価するよう業績評価体系を変更した（日本経済新聞［長野県版］2009 年4 月9 日付朝刊）。

参考文献

池尾和人(1995)『金融産業への警告』東洋経済新報社

池尾和人(2006)『開発主義の暴走と保身』NTT 出版

黒田晃生編(2008)『金融システム論の新展開』金融財政事情研究会

紺野登・野中郁次郎(1995)『知力経営』日本経済新聞社

鹿野嘉昭(2001)『日本の金融制度』東洋経済新報社

堀内昭義(1998)『金融システムの未来』岩波書店

McKinnon, Ronald I. (1991) *The Order of Economic Liberalization : Financial Control in the Transition to a Market Economy*, The Johns Hopkins University Press.

Rajan, G. Raghuram and Zingales, Luigi(2003) *Saving Capitalism from the Capitalists : Unleashing the Power of Financial Markets to Create Wealth and Spread Opportunity*, Crown Business, Member of the Crown Publishing Group, a division of Random House, Inc.（堀内昭義・アブレウ聖子・有岡律子・関村正悟訳(2006)『セイヴィング　キャピタリズム』慶應義塾大学出版会）

第2章　銀行の貸出業務とイノベーション

はじめに

　本章では，わが国の銀行の貸出業務について考察し，銀行貸出には顧客支援業務としてイノベーションが起こりつつあることを検討したい。

　世界経済がグローバル化してゆく中で，多国籍企業は企業内貿易としてその技術と資本，そして各国の労働力等を最適に組み合わせて高い収益を得ることを目指している。そうしたグローバル経済の中では地域経済が低迷するところも出てくる。わが国の地方に点在していた製造業の生産拠点は新興国に移転し，いわゆる産業の空洞化が起こっている。地域経済は否応なくグローバルな地域間競争に晒されているのであり，地域経済を支える中小企業にもグローバル化が求められる。そしてグローバル化に対応してゆく地域の中小企業への支援を行う金融機能が必要とされている。

　宇沢弘文は，「国家の統治機構の一部として官僚的に管理されたり，また利潤追求の対象として市場的な条件によってのみ左右されない」[1]金融制度の重要性を指摘している。地域貢献を使命の一つとする良質な銀行の顧客支援業務としての貸出業務は，グローバル下の良質な地域社会の形成につながる。

　地域社会は大銀行にとっても地域銀行にとっても重要なステークホルダーであり，地域社会と地域経済に貢献する貸出業務の展開が求められている。また，逆に地域経済の発展が銀行経営を健全化し，その貸出業務を効率的なものとして行くと思われる。

　バーナンキは1930年代の米国の大恐慌を分析し，金融仲介費用の増大がマクロ経済の需要を減少させたと分析している[2]。つまり，金融機能の良否が経済の動向を左右する面があるのであり，こうした金融機能の検討の意義は大きいと思われる。

　今，わが国の経済に発展に伴う直接金融化と金融自由化の流れの中において活動する健全な銀行業務のあり方，特に貸出業務のあり方が問われ，そこにはイノベーションが求められている。そして，従来の貸出業務のビジネスモデルからの変革がわが国の銀行の課題となっていると思われる。

　本章では，こうした点を踏まえてグローバル下の地域経済活性化を支える銀行の顧客

第2章　銀行の貸出業務とイノベーション

支援業務としての貸出業務の特質について考察し，また，イノベーションの点から検討してゆく。

第1節　銀行の貸出業務について

1.1 貸出の種類と金利

1.1.1 貸出の種類

　銀行の貸出業務を考察するにあたり，まず，その種類と金利を検討したい。銀行の貸出には様々な手法のものがあり，また，金利についても多様であるが，銀行貸出にはどのような種類があり，また，その金利はいかなるものであろうか。

　銀行貸出の種類は，一般的に貸付と手形割引に分けられ，貸付は手形貸付，証書貸付，そして当座貸越に分類される。

　手形割引の貸出審査の判断は，当該手形が不渡り手形となった場合の借入人の買戻し能力も重要となるが，手形支払人の支払い能力に大きく依存している。この手形割引は，近年では貸出残高の 1%未満まで減少しているが，これはそもそも商業手形の流通が減少していること，また，銀行の貸出が長期貸出にシフトしていることによる。

　しかし，近年，電子債権が流通し始めており，この電子債権については，全国銀行協会が，2013 年 2 月，電子債権記録機関として「でんさいネット」（株式会社全銀電子債権ネットワーク）を開始した。これによる手形割引は，手形を金額に応じて如何様にも分割出来るというメリットがある。また，印紙税が課税されないため従来の手形割引は電子債権の割引へと移行する可能性があり，新たなアセット・ファイナンスとして一つのイノベーションとなる可能性があると言われている。

　次に，銀行が貸出を行う時に借入人から手形の振り出しを受ける形式のものが手形貸付である。この手法は欧米に比較して弁護士費用が高いことから簡易な手形訴訟によって借入人が返済しない場合の取り立て処理が出来ることから用いられている。

　そして，銀行が貸出を行う際に借入人から借用証書を受け取る形式のものが証書貸付である。手形を用いることが困難な不動産担保による設備資金の貸付や住宅ローン，地方公共団体への貸付に用いられる。また，様々な融資条件を取り決め，これを証書に記載することが長期の貸付には必要であり，これは手形貸付では困難であることから証書貸付によって行われる。この様々な融資条件の中には後述するコベナンツもある。

　こうしたことから，今後も貸出業務の主流を占める取引形態となる可能性が高い証書貸付であるが，現在では貸出残高の 8 割程度を占めるまでになっている。しかし，かつては銀行の貸出残高の約 4 割を占めていたに過ぎない時期もあった。このような変化の

主たる要因の一つは，銀行の貸出内容が変化し，個人向けの住宅ローンが増加したことであり，また，企業向けの長期貸出の増加もその原因とされる[3]。

当座預金取引先に対し，予め約定した一定額の極度の範囲内であれば，当座預金残高を超えて小切手の支払いを認めるものが当座貸越である。近年，通常の手形・小切手の決済のための当座貸越ではなく，手形貸付に代えて当座貸越を借入専用に利用する企業も増加していたが，証書貸付の増加が大きいことから横ばいとなっている。借入時の書類作成の手続きが省略でき，印紙税を払わなくて良いという利点がこのタイプの当座貸越の特徴である。そして，手形貸付からの借入形態の移行が進み，特に優良企業を中心に利用が増加していると言われる[4]。

また，当座貸越については，銀行は地域の企業にこれを用いた事業性資金向けのカードローンによる貸出増強に取り組んでいる。審査を事前に受けて極度設定をしておけば必要な時にいつでも地域の企業が銀行貸出を受けることが出来，そして返済も毎月の少額の約定返済に加えて随時の返済が可能となっている。こうした貸出は地域の企業の資金繰りを柔軟なものとすることに貢献しており，利便性を目指したイノベーションと思われる。

以上のように銀行の貸出形態について見てきたが，手形貸付から証書貸付へという貸付形態の変化は，貸出債権の流動化，証券化に適した流れとなっていると思われる。これらを踏まえて次に貸出金利について見てゆきたい。

1.1.2 貸出の金利

貸出の金利は銀行貸出の検討を行う上で重要な観点である。個人などの資金の保有者から企業への資金の移転が行われ，効率的な資金の活用がなされ，企業の資金制約が銀行貸出によって緩和されても，一部の中小企業・零細企業に対する金利のようにその金利が高ければその貸出は社会的に公平なものとは評価されないであろう。貸出金利については銀行と企業の間でどのように決まるのか検討したい。

わが国の銀行では，貸出金利は短期プライム・レートなど基準とする金利をベースに借入人の信用度，資金使途，担保・保証の有無や内容，そして取引関係を考えて相対取引で決定される。しかし，実際にはオーバー・バンキングとも言われるように貸出市場での競争が激しく，相対取引であるからと言って割高な金利が設定されることは比較的少ないと推察される。

図表 2-1　預金金利，貸出金利と利鞘の推移

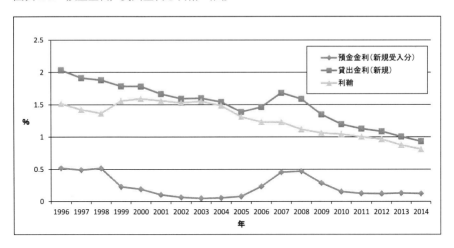

（出所）日本銀行調査統計局（2015）『日本銀行統計２０１５』より作成。

　むしろ，企業全体として銀行借入の需要が減少しており，また，大企業の銀行離れも進み，貸出市場から大企業が退出してゆく中では中小企業向け貸出であっても貸出利鞘は小さく，わが国の銀行の貸出金利は欧米の銀行に比べて低く設定される場合が多いと言われる。

　西口健二は，「本邦の金融は，単位資産当たりの利鞘がたとえば米国の２分の１から３分の１であるが，一方，コストもその程度である」としてわが国の銀行の低収益の構造を説明している[5]。そして，わが国の銀行は，貸出利鞘は小さいが，少ない店舗展開による低い人件費などに支えられて収益を確保しているに過ぎないと指摘している。

　短期プライム・レートとは最優遇金利の意味で，かつては臨時金利調整法や銀行協会の申し合わせで公定歩合を基準とした考え方により最高限度が決定されていたが，独占禁止法の関係もあり，こうした規制は1975年に廃止されている。そして，1989年以降は銀行の資金調達金利をベースとした新短期プライム・レートが基準になっており，金融当局が一定の金利体系を政策的に意図し，その一環としての銀行の貸出金利を決定するという考え方は完全に放棄され，貸出金利規制の緩和，自由化，市場化が進展した。

　また，現在では更に進んで LIBOR や TIBOR といった短期金融市場における調達金利に一定の利鞘，スプレッドを上乗せして貸出金利を決定するスプレッド貸出も大企業を中心に普及している。

長期貸出については貸出金利の下限についてはこれを定める申し合わせ等はなく，自由に決められていた。かつて，長期信用銀行が行う長期貸出の最優遇金利である長期プライム・レートが決められていたが，これはやはり貸出金利を低く抑えるという金融当局の方針に基づいたものであった。長期信用銀行の発行する利付債券の利率を含めて，金利体系は金融当局にコントロールされ，統制されていたので結果としてこうしたことが可能であった。

　こうしたかつての人為的低金利政策は効果を上げたが，意図的な低金利政策は均衡金利より低い収入を銀行もたらし，そして，それは預金者に転嫁され，インフレの下ではネガティブなものとなるとされていた[6]。そして，社会的損失が起こり，こうした金融抑圧政策は所得分配の不平等を起こすとされていた[7]。

　この人為的低金利政策は，そもそもは戦後の混乱期のインフレの中で預金獲得競争に歯止めをかけるために導入された競争制限的規制であった。それが戦後の混乱期の後も継続され，低い資金コストによる各産業への資金提供を可能にしていた。情報の非対象性が大きい発展段階にあったわが国の経済においては，こうした政府介入は効果があったと言え，結果として高度経済成長時代を金融面から支えた。

　長期プライム・レートの金利は，利付金融債の利率に 0.9%プラスしたものであり，長くこの長期プライム・レートが長期貸出の基準として用いられてきた。しかし，1980年代には中期プライム・レートなどという考え方が現れて，期間3年の貸出に用いられており，こうした貸出金利の仕組みは崩壊を始めていた。

　そして，新短期プライム・レートを基準に貸出期間や残存期間に応じて一定のスプレッドを上乗せする短期プライム・レート連動長期変動貸出金利，新長期プライム・レートが1991年から用いられるようになった。

　現在では金利スワップを利用した長期固定金利貸出も行われているが，これは金利スワップ取引を用いて短期変動金利を長期固定金利に交換する金融技術が発展したからである。この金利スワップ技術の発展によって，普通銀行が金融債を発行できないという制度問題は事実上なくなった。貸出金の商品の幅を広げたという点において，また長短の分離という金融行政を終わらせることになった金利スワップ技術というイノベーションの意味は小さくないと考えられよう。

　貸出金利の水準は，近年では短期，長期ともに低位で推移しているが，銀行が貸出金利をなぜ上げることが容易にはできないのかについては，理論的には逆選択と呼ばれる現象があるからであろう。通常の需要と供給の均衡する金利よりも低い金利設定が行われ，これが貸出金利を引き下げている。

こうした問題は発展した経済体制の段階においても存在する。米国とわが国の銀行を比べた場合，わが国の貸出の利鞘が小さいことは西口の指摘の通りであるが，なぜ米国は高い利鞘を獲得出来るのであろうか。それは，米銀はわが国の銀行と比較して信用リスクの高い企業に対しても資金を提供しているからと思われる。米国では金融の自由化がわが国に比べて早く進展し，大企業は銀行の顧客ではなくなっており，銀行は信用リスクの高い中小企業貸出への取組を本格化させていた。それによって信用リスクの高い企業への貸出技術においてわが国の銀行以上の水準に到達している。

　山田耕司は，米国においても，「かつての銀行市場では，貸出ニーズは信用リスクの小さい大手企業を中心に根強くあり，預金さえ集めれば，即貸出につながり収益が約束されていた」が，そうした時代が終わった後も，ミドルリスク・ハイリターンにみえた新型大口案件に突入し，結果的にはハイリスク・オールロスに終わったのが 1980 年代までの米銀であったと述べている[8]。その経験を踏まえ，米銀は，現在ではいわゆるミドル市場へ進出し，中小企業相手の取引を重点的な取引分野とするようになった。

　大手の米銀では中小企業の貸出業務はローン・センターで行われている。このローン・センターによって融資の可否の判断の時間を短縮することを目指し，中小企業にとってスピーディーなサービスとなることを目指している。資金の確保が重要な課題であれば企業はいくらでも時間をかけて貸出審査を待つであろうが，競争が激しい中小企業向け貸出市場ではこうした時間的なサービスが顧客を獲得する有力な手段となる。

　その業務の仕組みとしてはデータベースとスコアリングシステムが導入され，迅速な貸出判断がなされている。そして，大数の法則で信用リスクを管理できるという考え方がそのベースとなっていた。こうした貸出はトランザクション貸出と呼ばれ，先述の通り米銀でも大手の銀行によって行われている。近年ではわが国の銀行もこうした方式を取り入れて，中小企業の貸出市場に取り組んでいるが，大手米銀はこうした取組みよって中小企業の貸出市場を拡大し，利鞘を確保することに成功している。

　これまで見てきたように貸出金利は短期も長期も自由化されているのが現状であるが，先述の通り特に金利スワップによって長期固定金利貸出が普通銀行によって容易になったことは一つのイノベーションであろう。金融サービスとしての期間変換サービスを行う銀行の経営リスク，具体的には金利リスクは金利スワップによって低減し，長期固定金利貸出の増強を可能とした。金利スワップが用いられる以前の普通銀行の長期固定金利貸出は，長短金利の差を利用した不安定，不確実なものであったが，金利スワップの登場でその金利リスクはヘッジされることとなった。こうした考察を踏まえて，次に銀行貸出の構成，その対象について検討したい。

1.2 貸出の構成

　わが国の銀行貸出の種類と金利をみてきたが，こうした貸出はどのような対象に行われているのであろうか。まず，貸出の対象別には個人向けと企業向けがあるが，更に企業向けに貸出された資金の使途をみると設備資金と運転資金に分類できる。一般に商業銀行は短期の資金を集めて短期の貸出を行うことが健全とされているが，わが国の普通銀行は先述の通り長期貸出も行い，設備資金のための貸出も行っている。

　経済が成熟して資本蓄積が行われ，資本市場が大きくなって会計情報等の金融インフラも整備され，金融の自由化が進むと，設備資金の調達を株式の発行，社債の発行という直接金融にシフトさせるのが大企業の資金調達行動である。そして，1987 年に創設され CP 市場は，短期の資金調達も銀行からではなく市場からの調達を行うことを大企業に可能とし，短期資金についても間接金融から直接金融へのシフトが起こった。銀行業は経済社会が発展してゆくと，直接金融の発達によってその存在意義が相対的に小さくなる傾向があると言えよう。銀行の機能が金融市場によって代替されるとも言える。

　そこで銀行貸出の対象は資本市場や短期金融市場にアクセス出来ない企業，すなわち地域の中小企業や個人になってゆく。米国ではこの現象はわが国と比べて早く起こり，先述の通り銀行は中小企業への貸出を増大させていた。

　わが国の銀行が米銀のように対処策が打てなかった理由の一つは，産業金融的銀行モデルからの脱皮が遅れたからである。そうした産業金融を銀行が担当していない米国，英国の銀行ではこうした変化に抵抗はなかったと考えられる。

　わが国の銀行が早く取り組むべきであったリテール・バンクのビジネスモデルについて，池尾和人は，「リーテイル・バンクが扱う金融商品やサービスは，新奇なものではなく，日用品（コモディティ）化したものである。それゆえ，質とコストが厳しく問われることとなり，リーテイル・バンクにおいては，これまで日本の製造業が行ってきたような品質管理と改善の努力を通じるコスト削減が不可欠となる」と述べて，リテール・バンクは地道に汗を流すことが求められると指摘している[9]。こうした転換は産業金融の企業文化を持つわが国の銀行には抵抗感を感じることであり，イノベーションを遅らせる原因となった。

　しかし，わが国の銀行は米銀に遅れはしたものの，資金調達先として CP 市場や資本市場にアクセス出来ない中小企業への貸出，そして個人の住宅ローンへの取組を拡大した。住宅ローンの増加で銀行における個人向け貸出の残高は国内銀行ベースでは 127 兆円を超え（2014 年 12 月末時点），この結果，銀行にとり中小企業に次ぐ大きな貸出先となっているのが個人であり，今世紀に入り，貸出の対象先としての個人はその重要度

を増している。

図表 2-2　貸出先別貸出残高の推移

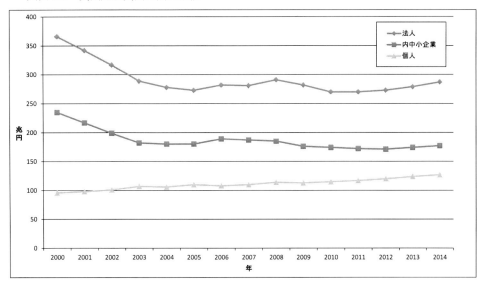

(出所) 日本銀行調査統計局 (2015)『日本銀行統計２０１５』より作成。

　こうした貸出業務の状況の変化の背景には預金金利の自由化があった。預金金利の規制緩和が行われれば，銀行の資金調達コストは上昇してゆく。そのため，銀行は高い貸出金利の貸出資産を必要とした。それの最たるものがバブル期の都市銀行による不動産を担保とした中小企業向けの長期貸出であった。長期貸出を目指したのは，預金金利の自由化で資金調達コストの上昇をカバーするために長短金利差を活用するべく長期の貸出を目指したものであった。しかしながら，当時はALMも発達しておらず，長短金利の逆転が起これば大きな収益上の損失を被るような状況であった。
　いわばやむを得ず取り組み始めたわが国の銀行の中小企業貸出は，不動産担保に依存したものや信用保証協会の保証に依存したものが多かった。つまり，銀行にとって財務諸表分析による無担保貸出が出来るような中小企業は少なかったと考えられる。
　戦後，銀行が成長を続ける企業を支える資金供給が出来た理由の一つには，担保としての不動産価格の上昇が銀行のリスクテイク能力を高めていたことがあり，企業業績が順調な時期が長く続いたことだけが理由とは言えない。

内田浩文は，独立行政法人経済産業研究所の関西地域の企業金融に関する企業意識調査を用い，財務諸表貸出，リレーションシップ貸出，固定資産貸出の各貸出技術は，わが国では相互に補完性を持っていることを実証している。そして，わが国の銀行がバブル期の失敗から教訓を得たかということについては，「担保・保証が依然として重視されているという結果が否定的な回答を与えている」と述べつつも，相互補完的となっている点から教訓はいかされているのではないかと述べている[10]。

図表2-3　不動産担保と保証の推移

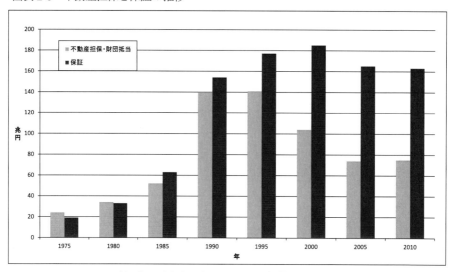

(出所) 日本銀行調査統計局（2015）『日本銀行統計２０１５』より作成。

　この金融取引における有担保主義が定着したのは，わが国では昭和初期の金融恐慌が契機であった。この有担保原則により金融取引の確実性が全体として高められたほか，金融機関の資産保全もそれだけ行き届いたものになるなど有担保原則が果した役割は小さくはなかったと思われる。
　小野有人は，中小企業庁の金融環境実態調査を用いた研究で，「担保の利用率は，リスクの高い（信用評点の低い）企業ほど高くなっている。このことは，担保が借り手のモラルハザードの抑制に寄与しているとの見方と整合的である」[11]と指摘している。
　現在の大企業も戦後の高度成長期においては信用リスクは小さくはなかった。そこで，銀行が担保を貸出の条件として用いることが多かった。そして，不動産価格の上昇が不

動産担保の利用を高め，銀行貸出のハードルを下げて企業経営の拡大を支援したと思われる。

なお，不動産については担保として用いる他，銀行が企業の財政状態の一つとして貸出判断に用いる実資力の概念に関係していた。実資力とは時価ベースの純資産のことであり，最終的な支払い能力を示すものであると捉えられた。この算出には流動資産に加えて固定資産，特に不動産も加えた。不動産の価格がバブル経済の中で上昇したことから企業の実資力も上昇し，その実資力を背景にした無担保貸出も多く行われたことに留意する必要があろう。つまり，それらは実質的な有担保貸出であったと言える。

こうした事実上の不動産担保貸出を含めるとわが国の銀行貸出はその少なくない部分を不動産の担保力に依存していたと思われる。特に中小企業を対象とした貸出では不動産は重要な役割を果たした。

不良債権問題を背景とした慎重な貸出姿勢，そして自己資本比率規制への対応から中小企業貸出を中心に貸し渋り，貸し剥がしと呼ばれる銀行が貸出額を圧縮させる現象が1990 年代にバブル経済が崩壊すると起こり，その影響もあって中小企業向けの貸出は減少した。中小企業にしてみればバブル時代の銀行の貸出姿勢が180 度方向転換したと思われたことであろう。

金融庁が銀行の検査に用いる金融庁検査マニュアルは1999 年に公表されたが，これも中小企業向け貸出の縮小に影響があったと言われ，2002 年，中小企業の特性，例えば代表者との一体性等に配慮した金融検査マニュアル別冊（中小企業融資編）が公表されている。

しかし，この時期は大企業向け貸出も減少していたのであり，中小企業向け貸出だけが大きく減少したわけではなかった。法人向け貸出の約6 割が中小企業向け貸出で占められる傾向はバブル崩壊後，現在まで概ね変化がない状況が続いている。

なお，一方で不良債権先について追い貸しと呼ばれる銀行貸出が見られた。この現象について小川一人は，「大企業に限られた現象のようである」12)として，銀行が多額の不良債権が発生しかねない大企業取引についてはメインバンクの追い貸しがあったのに対して，中小企業ではそうしたことはなかったという計測結果を報告している。

個人向け貸出はこのように企業向け貸出が減少する中で増大したのであるが，その内容は先述の通り住宅ローンである。住宅ローンは住宅の土地と建物が担保としてあること，また，米国と異なりわが国の住宅ローンは，いわゆるノンリコース・ローンではなく借入人に最後まで返済を求めることが出来ることもあって銀行は団体信用生命保険を用いながら積極的に取り組んでいる。

図表 2-4　法人向け貸出と中小企業向け貸出の関係（1993〜2014 年）

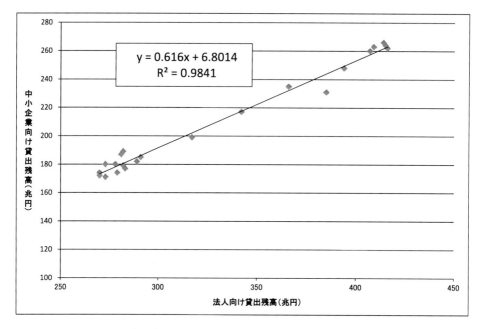

（出所）日本銀行調査統計局（2015）『日本銀行統計２０１５』より作成。

　貸出先企業の業種については，かつて貸出先の多くを占めていた第 2 次産業から第 3 次産業業へとそのウエイトがシフトしている。これはわが国の産業構造が工業化段階を終え，第 3 次産業へとシフトしていることが大きな要因となっている。大企業は，先述の通り，直接金融による調達を増やしており，そして製造業における借り手は大企業が大半を占めている。この結果，製造業向けの銀行貸出は減少することになる。一方，サービス業には比較的規模の小さな企業が多く，直接金融による資金調達が出来ないので銀行貸出が増えることになる。サービス業向けの銀行貸出の割合が増えているのはこうしたことによると思われる。

　なお，銀行の不動産業への貸出残高は依然として大きく，2014 年 12 月末時点で 62 兆円となっており，バブル後のピークであった 1997 年 12 月末の 65 兆円からわずかの減少に留まっている。しかし，不動産投資信託である J リートのような不動産の証券化が進むと不動産業への貸出からそうした証券への投資に与信の形態が変わる可能性もある。

第2章　銀行の貸出業務とイノベーション

　ところで，銀行は企業の資金需要が減少したことで貸出が低迷しているとされるが，実は貸出の需要に意図的に対応していないという考え方があることは先述の逆選択の問題に関連して述べた。これは信用割当と呼ばれるが，貸出金利と貸出量の関係は単純ではなく，貸出金利を引き上げると質の悪い借り手ばかりが市場に残ることになり，こうした借り手に対して銀行は貸出を抑制することになる。そして，先述の通り，貸出金利を低めに押さえることが銀行によって行われる。その低めに押さえた状態の貸出の量が借り手の資金需要と一致していなければ，貸出市場での需要と供給は一致しないことになる。銀行は信用割当と呼ばれる超過需要を切り捨てる行動を取り，一定の借り手に貸出を行う。従って，貸出市場全体で需要と供給を見れば供給過多に見えるが，信用力の乏しい企業を見れば需要過多の状態となっている。

　この状況については，銀行の情報生産の能力を高め，低い金利において貸出を求めてくる良質な借り手と質の悪い借り手の識別能力を高める必要がある。また，高金利でも貸出が出来る貸出対象企業の範囲を拡大出来るようにしてゆけば，貸出市場全体としての効率性，総余剰は増すことになる。この情報生産を高めることがイノベーションであろう。

　なお，こうしたリスクの高い中小企業については，近年の銀行の融資判断は合理的であったとされる。植杉威一郎は，1990年代後半から2000年代初頭において，「中小企業では自然な淘汰が行われていた。かつ金融機関はデフォルトする企業に高い金利を求めるという点で，自然な淘汰の実現に貢献した」[13]のが実情であると分析している。この研究によれば，銀行の主たる貸出先である中小企業に対する審査能力は現在では従来と比較して向上している可能性がある。

　以上のようにわが国の銀行においても貸出先の主たる先が中小企業となっていることなどを見てきたが，次にこうした様々な貸出先に対して，銀行が貸出業務の低迷を打開するためにどのようなイノベーションを含んだ取組を行っているかを考察したい。

第2節　新しい貸出手法

　わが国の銀行の貸出先は大企業から中小企業へ，第2次産業から第3次産業，そして法人から個人へとシフトしてきたが，銀行は様々な新しい貸出形態の創出に取り組み，資金仲介力の増大に努めている。銀行が貸出から収益を得る理由は主としてその情報生産機能などからなる資金仲介機能にあるのであり，そのイノベーションなくして状況の打開はありえない。次に考察する新しい貸出方法は全てが新しい取組とは言えず，中には欧米においては比較的早くから取り組まれていたものもあるが，わが国の銀行はこれ

33

らを取り入れて新しい貸出手法に取り組んでおり，その中にはイノベーションを含むものも少なくないと思われる。

　ここで採り上げる新しい貸出手法の多くは技術上の革新というほどのものではない。しかし，ドラッカーは，「今日イノベーションと称しているものの多くは，単なる科学技術上の偉業にすぎない。これに対してマクドナルドのような科学技術的には何ら特筆するところのないイノベーションが，高収益の大事業に発展する」と述べ，「成功したイノベーションのほとんどが平凡である」と指摘している[14]。また，知識によるイノベーションについては，「いくつかの異なる知識の結合によって行われる」[15]ことを指摘している。そして，こうした知識によるイノベーションには，分析と戦略，そしてマネジメントが必要であると述べている[16]。

　そうだとすれば，デリバティブのように金融の華と言われるものばかりがイノベーションではないと言える。イノベーションというと飛躍的な発展をイメージしやすいが，実際のイノベーションは細かな連続的なイノベーションの積み重ねであることが多いと思われ，ここで考察するものはそうした貸出技術である。

　まず，第1にコミットメントライン契約であるが，これは一定の枠内であれば企業の申込を拒絶することなく直ちに貸出を実行する契約であり，これは企業との間であらかじめ融資契約を締結して貸出枠を設定していることから可能となる。欧米では一般的なものであるが，わが国では特定融資枠契約法が1999年に施行されて以降活用されている。企業にとって安定的な経常運転資金枠が確保されて流動資産の額を押さえることが出来，バランスシートをスリム化出来てROAを改善することが出来る。

　この取引ではコミットメントライン契約を設定すると，貸出を実行しなくてもコミットメントフィーが銀行に支払われる。先述の特定融資枠契約法においては，利息制限法，出資法のみなし利息にこれが該当しないと明定された。このコミットメントラインには，バイラテラル方式と後述するシンジケーション方式があるが，シンジケーション方式では参加銀行が同一の条件で臨むことになり，これによってコベナンツがより一般的になってきたと言われる[17]。このシンジケーション方式のコミットメントラインの残高は，2014年度末時点で約19兆円に達している。

　第2に，アレンジャーとなる銀行が取りまとめ担当者となって借入人である企業と折衝し，融資に関する情報を取得，分析した上で融資条件を決め，複数の金融機関が同一の条件で貸出を行う貸出手法であるシンジケート・ローンがある。

　シンジケート・ローンと従来の貸出との根本的な変化は，参加銀行が同一条件で貸出取引を行うため，従来では相対で，場合によっては阿吽の呼吸で弾力的な対応が可能で

あった取引が，借り手である企業の特性に合わせ，かつ参加銀行が全て合意した内容の契約に規定される点とされる[18]。企業の返済行動に関してソフトな制約がハードな制約へと変わっていると言え，この点では社債に近い性格を持つことになる。

わが国では 1997 年の金融危機の時，大手銀行が資産圧縮の手段としてシンジケート・ローンを活用したことが発展の契機になったとされ，取引が拡大している。しかし，本質的には，現代の銀行では大規模な信用リスクを一つの銀行が貸し手として取ることが困難になっていることがあるのではないか。つまり，スプレッドが薄いこと，一件の法人顧客が倒産したときの打撃が大きいことから[19]，通常の銀行貸出からシンジケート・ローンへの移行が起こっていると思われる。シモンズは，シンジケート・ローンの組成は，銀行の資本金のゆとりのなさにより促進されると指摘し，自己資本比率が低い銀行は多額の貸出金をバランスシートに計上せず，他の銀行に配分しようとすると述べている[20]。

複雑な取りまとめ作業を担当したことに対する報酬がアレンジャーには支払われ，一方，シンジケート団に参加する銀行は，自分では取引が出来ない企業に対して適当な融資額で貸出を行うことが出来，貸出資産の増強を図ることができる。

わが国では役割分担としては地域銀行がシンジケート団のレンダーの中心となり，メガバンクがアレンジャーとして参加するというケースが大半となっている。地域銀行は，貸出先に地域性があるため資産分散が困難であるが，シンジケート・ローンに参加すればその地域性の問題を逓減できる。メガバンクの側は，自己資本比率規制の観点から自行の取引先に対する貸出資産を増やすことなく取引を維持でき，手数料収益を得ることが出来るメリットがある。

このシンジケート・ローンのデメリットとしては，仕組みがよく理解できない，厳しい契約条件，通常の融資よりも金利や諸手数料が高い，親密でない銀行との取引が生じるなどという点が企業から指摘されているが，大企業に限れば特にデメリットはないと言われている[21]。

小谷範人は，シンジケート・ローンは，「従来の相対融資（金融機関と借入人の合意に基づく融資）でみられるお互いに相手を見ながら（よく理解しながら）契約を行う『相対性』に，複数の金融機関によるリスクシェアリングや譲渡性等の『市場性』をあわせ持つ」[22]貸出であると指摘している。この相対性と市場性の結節点に立つのがアレンジャーであると言える。

ところで，植杉と渡辺努は，中小企業向け貸出について分析し，わが国の金融機関は，1 人あたりの貸出件数がアメリカの金融機関に比して格段に大きく，「金融機関の職員

が銘々，数多くの中小企業を担当することになってしまい，個別企業に対するモニタリングが出来なくなる可能性が出てくる」と指摘している[23]。

　この傾向は銀行の貸出業務全般に言えるので，仮にシンジケート・ローンの適切な活用によって企業と直接的に交渉する金融機関の数を減らすことが可能となるなら，こうした問題が軽減されると思われる。そうした意味ではシンジケート・ローンは，わが国では小規模の貸出にも用いられることが望ましいと思われる。また，中小企業向け貸出債権のリスクテイクの分散化という意味においてもシンジケート・ローンの活用は有効と考えられる。

　シンジケート・ローンの仕組みそのものは最新の技術的発見ではないが，わが国における創造的模倣は，銀行貸出のイノベーションと思われる。先述の通り，中小企業向け貸出にこうした貸出が取り入れられれば銀行組織全体の費用削減効果も大きく，もっと議論されて良い貸出技術であろう。

　第3に，貸出の返済原資をひとつプロジェクトが将来生み出す収益を返済資金とした貸出であるプロジェクト・ファイナンスがある。これは資源開発，電力・通信といった大規模なプロジェクトにおいて用いられることが多いが，後述するPFIの一つとして地域の給食センターなどの規模が小さいプロジェクトでも用いられる。

　具体的には，プロジェクトを推進する企業とは別にSPCを設立し，このSPCが事業の推進母体となり，このSPCに対して貸出，資本の出資が行われる。この場合，銀行貸出の担保となるのはSPCの資産のみとなる。従来の企業の信用力を基盤としたコーポレート・ファイナンスとは全く考え方が異なる。そして，プロジェクト・ファイナンスには，コベナンツの概念が織り込まれ，コベナンツの適正な設定がリスク管理の中核となっていると言われる[24]。また，プロジェクト・ファイナンスに用いられるローンはノンリコース・ローンとなっており，事業資産を担保とするのみである。なお，大型案件には先述のシンジケート・ローンが組み合わされる傾向にある。

　近年，PFIに取り組む地方自治体が増えているが，これは1999年のPFI推進法の施行によるものであり，これにプロジェクト・ファイナンスの手法が用いられている。

　また，2011年，PFIについては法改正が行われ，コンセッション方式と呼ばれ，民間事業者が施設の運営権を設定して手数料等の収入をある程度の制約はあるものの決定出来る仕組みが取り入れられた。この法改正によりPFIは大きく拡大してゆくと見られている。

　第4に不動産証券化を用いたアセット・ファイナンスがある。企業が保有する不動産自体の収益力を担保にSPCを用いて借入主体を作り，そこにノンリコース・ローンを

銀行が提供する手法である。仮に，企業業績が低迷していて，社債の発行や追加借入が難しい，またはコストが高い場合でも，当該物件の収益性がよければ，有利な（コストの安い）資金調達が可能となる場合があるとされる[25]。

　銀行としても不動産を対象とした貸出はリスクが高いのであるが，不動産証券化を用いてエクイティ部分とデット部分という異なる性質をもつ金融商品に加工できれば，そのデット部分が銀行貸出の対象となる。不動産のキャッシュフローに依存するという点ではプロジェクト・ファイナンスの一つと言え，不動産の原所有者をオリジネーターと言うが，優良な収益性のある不動産であればオリジネーターにコーポレート・ファイナンスで通常の貸出を行うよりも低金利でノンリコース・ローンを提供することが出来る。

　最後に，動産，債権等の事業収益資産を担保として貸出を行う ABL がある。商品などの集合動産や将来債権を担保とすることが，2003 年の債権譲渡特例法の施行で制度的な手当てがなされたことから，その活用が進んでいる。事業収益資産とはキャッシュフローを生み出すものであって商品性があり，将来，収入に転化する資産や将来の収入を生みだす資産のことである。

　しかし，まだ担保とした動産をモニタリングする管理業務のノウハウを十分に持つ銀行は少ない。とは言え，この業務を積極的に捉える立場もある。鹿児島銀行の後田廣孝と萩原宗人は，同行における ABL の位置付は単に保全強化を目的としたものではなく，在庫の流れを把握することにより顧客の状況をいち早く察知することを目的とした「中間管理型 ABL」であると述べている[26]。経営改善のサポートツールとしての ABL という捉え方も可能であると言える例であろう。

　十六銀行の小澤学も同行の太陽光発電事業向け ABL は，「太陽光発電のモニタリングを通じた売電事業の実態把握，取引先とのリレーション強化である」と述べ，ABL は企業を俯瞰できる金融手法の最たる例であるとしている[27]。

　動産，売掛債権の交換価値を把握することによって金融機能を発揮させることは，担保提供力の弱い中小企業の金融を確実に円滑化するイノベーションであり，そこから更に進んで，企業経営への関与のツールとする視点は今までにない貸出手法と言えよう。

　こうして銀行の取り組む新しい貸出手法を見てきたが，それらは金融技術的に極めて革新的というほどではないが，様々な手法の組み合わせによるイノベーションであると思われる。

　では，こうした銀行の貸出業務の主たる対象である中小企業務向けの貸出について，次に見て行きたい。わが国の銀行貸出は大企業，中小企業，個人と分ければ中小企業が最大の借り手となっている。

第3節　中小企業向け貸出について

3.1　地域経済，中小企業と銀行

　グローバル化が進展する中，地域経済を支え，地域の雇用の多くを支えるのは地域の中小企業である。大企業の店舗，工場も地域経済を支えて雇用を生みだしているが，全体的に見れば大半は地域の中小企業が地域経済を支えている。そうした中小企業は先述の経緯を経て顕在では銀行の主たる貸出先となっている。

　中小企業は資金調達において銀行貸出に依存する場合が多いが，これは株式市場，債券市場を通じた資金調達が困難であるからである。従って中小企業金融における銀行の役割は大きく，中小企業は金融面では間接金融に依存している。

　そうした中小企業のわが国の社会全体への影響は大きく，わが国の企業の約99%は中小企業に該当し，従業員数は約66%を占めていると言われる[28]。そして，中小企業は，資本の額が小さく技術革新に応じた設備の更新が困難になりがちであること，大企業の下請け企業である場合が多く，不況期に大企業の業況悪化の影響を受け易いなどの特徴がある。

　また，その純資産の比率は大企業の約40%に比較して約26%程度に留まっているが[29]，これは先述の通り中小企業は株式市場を通じた資金調達が困難であることからであり，これが中小企業の財務上の安定性を損なっている。そして，その財務上の不安定性が銀行借り入れの難易度を高めるという構図がある。

　そして，銀行の中小企業向け貸出の一部は資本金に近い擬似資本としての性質を帯びており，返済を求めることが事実上困難な貸出であるとも言われる。しかし，これが不良債権化すると銀行の健全性を損なうことになる。

　家森信善は，「メインバンクの健全性によって借入余地が大きく変動すれば，それはそのまま投資能力や資金繰りに影響してくる」[30]として，中小企業経営に対する金融機関の影響度合いの大きさを指摘し，銀行の健全性と中小企業の健全性は連動性があることを指摘している。

　また，小藤康夫は，「地方銀行の経営内容と地域経済は相互に影響を与えながら，密接な関係を形成していると考えられる」ことを検証している[31]。地域経済を支える中小企業の発展が地域銀行の健全性を促進する状況にあり，やはり，双方の連動性は高いと思われる。

　1980年代から大企業の銀行離れに対応して，銀行は中小企業貸出を新たな収益源と位置づけ積極的に取り組むようになったが，国内銀行の中小企業向けの貸出残高は177兆円（2014年12月末時点）となっている。その額は現在では減少傾向から概ね横ばい

に転じており，中小企業向け貸出が銀行の貸出業務の中核となっていることは変わらない。その大半は非製造業が占めており，その貸出残高は 150 兆円となっている。中小企業向け貸出のイメージと言えば町の工場への設備投資を想像しがちであるが，中小企業の製造業の設備資金への貸出額は 3 兆円（2014 年 12 月末時点）であり，法人向け設備資金総額 81 兆円の約 4%に留まっている。

　こうした中小企業向け貸出にスコアリングと呼ばれる自動審査の手法を用いた迅速な無担保貸出も開発して中小企業向け貸出に取り組む姿勢も銀行には見られる。しかし，自動審査の手法には限界もあり，不良債権を多く生み出しているとも言われ，大手銀行ではこのトランザクション貸出の典型であるスコアリング方式の貸出を縮小させているところもあると言われている。

　西口は，「スコアリングモデルには前提が 1 つあって，それはお客さんが任意に来る，その結果，倒産確率がモデルにより正しく推計される」のであると述べ，スコアリングモデルの前提は幅広い業種と企業に過去の統計データを適用した場合に適切な判断が可能となる性質があるにもかかわらず，特定の偏りのある売り込みを行ったためにこうした問題が生じていると指摘している[32]。

　また，先述のコベナンツも中小企業向け貸出で用いられはじめている。借り手企業の経営規律維持を目的とするコベナンツであるが，中小企業金融では地域の金融機関による融資が行われており，関係者の感情面にも配慮した貸出が行われている。しかし，低成長で事業リスクの高まる時代には感情面にも配慮した貸出は不適切な場合もあることは事実であろう。そこで，注目されたのがルールに従った監視・モニタリングとしてのコベナンツの手法である。融資実行後のモニタリングは不可欠であり，中小事業者の経営状況を把握し，財務内容の変化をいち早くキャッチするためには，コベナンツの活用は有効と言われる[33]。

　北洋銀行の原田敬士と西村卓里は，同行の ABL の案件に事業の継続のためにコベナンツを活用出来ないかと考え，コベナンツと停止条件付保証契約により，「経営に強固な規律付けが生まれる」として，葉物野菜農家に対して偽装表示やガイドラインに定められた以外の肥料や農薬をまかない等のコベナンツを付けている[34]。こうした試みは，ドラッカーの言うように科学技術上の偉業ではないが，イノベーションと見るべき取組である。

　こうして中小企業向け貸出の概要や最近の特徴をみて来たが，次に金融庁が強く推奨するリレーションシップ・バンキング，地域密着金融について検討したい。

3.2 リレーションシップ・バンキング，地域密着型金融

金融庁が推奨する地域密着型金融，リレーションシップ・バンキングの展開が期待されている。地域金融機関はこの地域密着型金融，リレーションシップ・バンキングに取り組み，金融機関が顧客の取引先と長期的な信頼関係を築いて豊富な顧客のソフト情報を蓄積し，質の良い金融サービスを提供することに取り組んでいる。

貸出の技術は大きく2種類に分けられるとされる。その一つが取引ベースの貸出（トランザクションレンディング）であり，もう1つがソフトな情報に基づくリレーションシップ貸出である[35]。

この考え方は欧米のものであるが，それをわが国に持ち込んだのが金融庁により2003年に発表された「リレーションシップ・バンキングの機能強化」というアクションプログラムであった。金融当局が指す金融機関の活動の内容は，内田が指摘するように「学界でいうリレーションシップ・バンキングとは直接関係がないもの」も含まれているのであって，内田は，「行政のリレーションシップ・バンキングは経営健全化・地域貢献のための取組としてのリレーションシップ・バンキング，と呼ぶこともできよう」[36]と述べている。

先述の通り，地域企業の健全性と地域銀行の健全性が連動する関係にあるのであれば，金融当局がこうした狭義のリレーションシップ・バンキングを超えた取組を地域金融機関に推奨することは当然と思われる。

たとえば，ビジネス・マッチング業務は近年幅広く行われるようになったが，企業のビジネスに銀行がシステム全体として保有する情報を提供してゆくコーディネイト機能としてビジネス・マッチングを捉えれば，有意義な中小企業の顧客支援活動と考えられる。

こうした地域密着型金融の考え方は地域金融機関に肯定的に受け止められていると思われる。田村耕一は九州の地域金融機関にアンケートを行い，半数の金融機関が担保について，貸し手は共同経営者的なパートナーとして情報共有や経営関与，事業保全の根拠，つまり権原の確保が担保の機能の中心と考えているのではないか，と指摘しつつ，そうであれば，「担保権者の立場や効力をパートナー的なものとして解釈する必要が生じる」と述べている[37]。優先弁済確保のための担保から権原の確保のための担保へという理解が地域金融機関に生じていることは，地域密着型金融の取組が浸透しつつあることを示している。

ただし，リレーションシップ・バンキング，地域密着型金融は地域銀行にとってはその効果が小さい可能性もある。銀行の貸出審査は信用調査と言われ，人的調査，物的調

査，そして財務面の分析からなるとされており，単なる財務分析に限らない。いわゆる人，物，金の三要素については中小企業になればなる程，人の部分，個人的資質，役員の調和，団結，従業員の勤労意欲等が問題となる。こうしたソフト情報を書面化することは大変難しい面がある。そのため，地域銀行やメガ信金とよばれる大規模な信用金庫ではリレーションシップ貸出は困難と言え，規模の小さい信用金庫，信用組合の方がリレーションシップ・バンキング，地域密着型金融の取組は容易と思われる。

こうして見ると，確かにリレーションシップ・バンキング，地域密着型金融は全般的にビジネスモデルとしては技術革新と言えるほどの目新しさはない。わが国ではメインバンク・スシステムが定着しており，それは中小企業においても同様であり，わが国の多くの中小企業のメインバンク取引の期間は30年以上となっているのであり，リレーションシップ・バンキングはある意味でありふれたものかもしれない。

しかし，わが国の中小企業が製造業から業種転換して医療，健康，介護，環境・エネルギーなどの分野で新たな取組を目指す時，その金融的な支援はリレーションシップ・バンキング，地域密着型金融が支える可能性が高い。従来のトランザクション貸出ではこうしたエージェンシー・コストの高い業務に取り組む企業への貸出は困難であり，資金ニーズには対応できないだろう。それゆえ，リレーションシップ・バンキング，地域密着型金融の意義は大きく，銀行貸出と企業の双方の連動的イノベーションに繋がる取組であると見ることが出来るだろう。

図表2-5　企業規模（従業員数）とメインバンク取引年数（2003年12月）

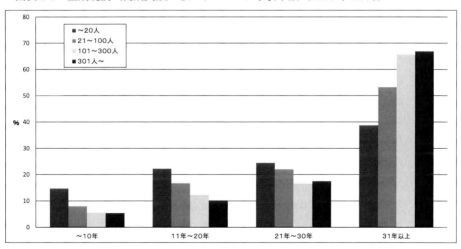

（出所）内田浩史（2010）『金融機能と銀行業の経済分析』日本経済新聞出版社，182ページより作成。

おわりに

　グローバル化する地域経済を支える金融システムとして，銀行の貸出業務には様々なイノベーションが起こりつつある。電子債権，シンジケート・ローン，ABL，コベンナンツ，リレーションシップ・バンキング，地域密着型金融など，従来のわが国の銀行では考えられなかったような貸出や顧客支援の取組が行われつつある。特にリレーションシップ・バンキング，地域密着型金融は地域経済を浮揚させる効果を目指したものであり，その意義は小さくない。

　地域の銀行の健全性と地域の中小企業の健全性には連動性，相関性がある。つまり，地域経済の活性化が地域金融機関の繁栄に繋がるのであり，いかに地域経済を発展させるかは地域の問題であると同時に地域金融機関の問題と思われる。その問題の中核となるのは中小企業への貸出業務とそれに関連する地域密着型金融で言われる様々な顧客支援業務における貸出業務のイノベーションに違いない。

　地域経済はグローバル化しており，地域の中小企業にもグローバル化への対応が求められる。そして，そうした地域の中小企業の変化に対応する銀行の貸出業務や顧客支援業務が必要とされる。

　わが国の銀行の貸出業務におけるイノベーション，新たな金融サービスの提供ためへの取組，顧客支援業務のローコストで効率的な提供，そしてグローバル下の地域経済に貢献出来る銀行業務について更なる研究が行われることを期待したい。

注)

1)　宇沢弘文（2000）『社会的共通資本』岩波書店，201 ページ。

2)　Bernanke, Ben S.(1983) "Nonmonetary Effects of the Financial Crisis in the Propagation of the Great Depression", *The American Economic Review*, Vol.73, No.3, p.268.

3)　全国銀行協会金融調査部編（2010）『図説わが国の銀行』、財経詳報社，94 ページ。

4)　全国銀行協会金融調査部，同上，94 ページ。

5)　西口健二（2012）『金融リスク管理の現場』金融財政事情研究会，82 ページ。

6)　McKinnon, Ronald I.（1973）*Money and Capital in Economic Development* ,Washington, D.C, The Brookings Institution,　p.69.

7)　Shaw, Edward, S.（1973）*Financial Deeping in Economic Development,* New York, Oxford University Press, p80.

8)　千野忠男監修野村総合研究所著（1998）『米銀の 21 世紀戦略』金融財政事情研究会，9 ページ。

9)　池尾和人（2003）『銀行はなぜ変われないのか』中央公論新社，127 ページ。

10)　内田浩文（2010）『金融機能と銀行業の経済分析』日本経済新聞出版社，245 ページ。

第 2 章　銀行の貸出業務とイノベーション

11)　小野有人（2008）「担保や保証人に依存した貸し出しややめるべきか」渡辺努・植杉威一郎編著『検証中小企業金融』日本経済新聞出版社，164 ページ。

12)　小川一夫（2008）「貸しはがしの影響は深刻だったのか」渡辺努・植杉威一郎編著『検証中小企業金融』日本経済新聞出版社，102 ページ。

13)　植杉威一郎（2008）「中小企業における淘汰は正常か」渡辺努・植杉威一郎編著『検証中小企業金融』日本経済新聞出版社，45 ページ。

14)　Drucker,Peter.F.(1985) *Innovation and Entrepreneurship,* HarperCollins Publishers（上田惇生訳（2007）『イノベーションと企業家精神』ダイヤモンド社，14-15 ページ。）

15)　*Ibid.,*（上田訳，同上，123 ページ。）

16)　*Ibid.,*（上田訳，同上，129-136 ページ。）

17)　コベナンツ研究会（2005）『コベナンツ・ファイナンス入門』金融財政事情研究会，23-24 ページ。

18)　コベナンツ研究会，同上書，24 ページ。

19)　アーサーアンダーセンコンサルティング金融ビッグバン戦略本部（1998）『金融業勝者の戦略』東洋経済新報社，233 ページ。

20)　Simons, Katerina(1993) "why Do Banks Syndicate Loans?" *New England　Economic Review,* January/February,pp,45-52.

21)　小谷範人（2009）『シンジケートローン市場構造と市場型間接金融』、渓水社、2009 年、12 ページ。

22)　小谷，同上書，16 ページ。

23)　植杉威一郎・渡辺努「中小企業金融の実態と将来像」渡辺・植杉，前掲書，211 ページ。

24)　コベナンツ研究会，前掲書，24 ページ。

25)　三菱 UFJ 信託銀行不動産コンサルティング部（2006）『図解不動産証券化のすべて』東洋経済新報社，16 ページ。

26)　後田廣孝・萩原宗人（2013）「経営状況モニタリング手段としての在庫評価」『週刊金融財政事情』第 64 巻第 22 号，18-20 ページ。

27)　小澤学（2013）「取引先とのリレーション強化に活用」『週刊金融財政事情』第 64 巻第 22 号，24-26 ページ。

28)　全国銀行協会金融調査部，前掲書，104 ページ。

29)　全国銀行協会金融調査部，前掲書，105 ページ。

30)　家森信善（2004）『地域金融システムの危機と中小企業金融』千倉書房，45 ページ。

31)　小藤康夫（2006）『金融コングロマリット化と地域金融機関』八千代出版，201-202 ページ。

32)　西口，前掲書，91 ページ。

33)　コベナンツ研究会，前掲書，100 ページ。

34)　原田敬士・西村卓理（2013）「商品価値を守る契約上の工夫と売掛債権担保管理システム」『週刊金融財政事情』第 64 巻第 22 号，21-23 ページ。

35)　内田浩史（2008）「リレーションシップバンキングは中小企業金融の万能薬か」渡辺・植杉，前掲書，114 ページ。

36)　内田，同上書，173 ページ。

37)　田村耕一（2013）「地域密着型金融における担保の意義と金融機関への意識調査の分析」『銀行法務21』第57巻第10号，50-52ページ。

参考文献

相沢幸悦（2007）『ユニバーサル・バンクと金融持株会社』日本評論社

池尾和人・岩佐与市・黒田晃生・古川顕（1997）『金融（新版）』有斐閣

池尾和人・金子隆・鹿野嘉昭（1993）『ゼミナール　現代の銀行』東洋経済新報社

池尾和人（1995）『金融産業への警告』東洋経済新報社

池尾和人（2010）『現代の金融　新版』筑摩書房

太田勉（2006）『金融改革と信用秩序』松本大学出版会

川口慎二・三木谷良一編（1986）『銀行論』有斐閣

倉津康行（2001）『金融マーケット入門』日本経済新聞社

黒田晃生（2011）『入門　金融』東洋経済新報社

黒田晃生編（2008）『金融システム論の新展開』金融財政事情研究会

佐野勝次・上田良光・市川千秋編著（2007）『エッセンシャル　銀行論』中央経済社

島村高嘉・中島真志（2011）『金融読本　第28版』東洋経済新報社

菅野正泰（2011）『入門金融リスク資本と統合リスク管理』金融財政事情研究会

千野忠男監修野村総合研究所著（1998）『米銀の21世紀戦略』金融財政事情研究会

西口健二（2011）『金融リスク管理の現場』金融財政事情研究会

日本総合研究所編（2010）『金融システムの将来像』金融財政事情研究会

第3章　銀行の法人取引とイノベーション

はじめに

　本章では，わが国の銀行の法人取引業務について考察し，この業務分野は転換期にあり，包括的な顧客支援業務としての性格を強めながら様々なイノベーションが起こりつつあることを検討したい。

　わが国の銀行の法人取引はかつては大企業取引が多く，銀行のいわば花形の業務分野であった。しかし，それはわが国の経済成長に基づいた企業の経営の拡大とそれに伴う旺盛な資金需要に支えられ，また，間接金融主体の金融規制が厳格であって大企業が資本市場から資金調達が出来なかったからである。そうした背景の下で銀行はメインバンク制度を用いて企業の日本的経営とその発展を支えてきた。

　しかし，1970年代の石油ショック以降の企業の減量経営への転換，そして金融が自由化され，直接金融が発展しつつある現在のわが国ではメインバンクの役割も変化し，銀行の法人取引は中小企業を主な取引先としつつ，新しい金融技術，業務手法を取り入れて取り組まなければならない分野となっている。

　本章では，こうした点を踏まえて銀行の法人取引業務について歴史，制度，理論の点からその特質を分析しつつ，併せて生じつつあるイノベーションの展開について検討してゆきたい。

第1節　銀行の法人取引の概要

　銀行の法人取引は基本的には貸出業務を中心に行われている。一般に企業は事業を運営するために運転資金と設備資金が必要となる。日常取引の現金，売掛金，受取手形，商品の在庫資金に対応する資金のことを運転資金と呼ぶ。そして，この資金は手形貸付や当座貸越などの短期の借入で手当てされる。こうした資金需要に銀行が応じやすいのは，貸出を行う銀行もその資金の調達が短期の1年定期預金，普通預金等であることからである。

　このような貸出取引は一般的に商業銀行業務と呼ばれている。従ってわが国の銀行の

法人取引の中核部分は商業銀行業務が占めていると言える。金子隆は，「短期金融業務に特化した銀行のことを商業銀行という」と述べて，この考え方に基礎をおく銀行制度を採用している国としては，英国，米国といったアングロ・サクソン諸国のほか，日本を挙げることが出来るとしている[1]。実際，国内銀行の法人向け貸出は 287 兆円の内，後述する設備資金は 81 兆円に留まる（2014 年 12 月時点）。こうしたことから銀行の貸出業務は商業銀行取引を中心に行われていると言える。

　しかし，わが国の法人取引が英国，米国と異なるのは企業の生産設備にかかる資金についても銀行が提供し，いわゆる産業金融を担当してきたことである。資本市場が発達していた先進資本主義国の英米とは異なる役割をわが国の銀行は果たして来たと考えられる。

　かつては長期の貸出は長期信用銀行と信託銀行が中心となって行われていたが，これは普通銀行は短期預金による資金調達が多いためであった。預金の預入期間は 1971 年まで普通銀行は 1 年に制限されていたのであり，それが完全に自由化したのは 1996 年 10 月である。金子は，「日本経済の成熟化に伴い実態面では，普通銀行による長期貸出比率および中小企業向け融資比率の上昇など金融機関の同質化が進んでいる」と述べて，分業主義の意義は薄れていると 1993 年の時点で指摘している[2]。現在では信託銀行は存在するものの長期信用銀行は消滅しており，銀行の法人取引は短期金融を中心に長期金融を包含した総合的な取引となっていると言える。そして，その取引対象は中小企業が主体となり，いわゆるリテール・バンキングが求められる状況にあり，銀行の法人取引は変化の中にある。

　長期金融では現在では金利スワップ取引が用いられ，固定金利による長期の貸出を普通銀行が行っている。金利スワップを用いれば長期固定金利と短期変動金利を交換出来るため，普通銀行も長期貸出が容易に行える。金利スワップは普通銀行にとって分業主義を打破する大きなイノベーションをもたらした金融技術と言える。

　ただし，普通銀行が短期の預金を受け入れ続けることが，こうした長期貸出の資金提供の前提となる。仮に預金の減少が起こった場合，長期貸出の債権を流動化しない限り銀行は短期金融市場からの借入によって資金を調達し続ける必要がある。

　銀行が期間ミスマッチを乗り越え，資産変換機能を最大に発揮している局面と言えるのが長期貸出であり，これは銀行の安定的で継続的な信用力があり，いわゆるコア預金の調達力があってこそ可能な金融取引である。金利スワップ技術だけで長期貸出が出来るわけではない点に注意が必要であり，堅固な預金取引がなければこうした取引は出来ない。

第3章　銀行の法人取引とイノベーション

　こうして銀行の法人取引における貸出を概観したが，次に銀行と企業の密接な法人取引の関係の一面と考えられて来たメインバンクの制度について考察したい。

第2節　メインバンク制

　企業の取引銀行の中で貸出残高が最大の取引銀行は一般にメインバンクと呼ばれる。このメインバンクと呼ばれる銀行は，米英の銀行には見られない株式持ち合いを行い，企業への役員派遣までの関係があるような銀行である。このわが国独自のメインバンクの制度は戦後のわが国の企業社会を支えたと言われている。

　このメインバンク制は暗黙の契約に基づくといえるに過ぎない非公式な事実上の関係である。メインバンクは長期的に多面的な取引を緊密に行い，企業の情報を収集し，取引メリットも得る一方，企業の方は安定的な融資関係を望み，企業が困難に陥った時にも支援してもらうことを期待している。

　その歴史的な背景を遡れば，第2次世界大戦中に政府が特定企業の資金調達を特定銀行に割り当てるような政策を行ったことに由来するとされるが，こうした関係は高度経済成長時代の企業の銀行借入の需要が大きかった時代において多く形成された。

　企業が多額の借入を多数の銀行から行うことが可能となる一つの理由は，メインバンクが貸出を行うと他の銀行はメインバンクの信用調査力を信頼して貸出を行うようになるからである。メインバンクは後述するシンジケート・ローンとは異なり，書面化されていない事実上の協調融資団を組成して銀行信用を配分し，それに参加する他の銀行は資産分散効果を得ていた。

　メインバンクが企業の代表的監視者と言われるのはこの意味からである。銀行の情報生産費用の点で取引銀行が全てその企業の審査を行っていれば，そのコストは膨大なものになる。しかし，メインバンクが取引銀行を代表して情報生産を行えばより効率的な取引が可能となる。

　企業貸出の判断には継続的な取引があることが有利となり，監視の費用，モニタリング・コストの節約が可能となる。この長期的な関係の必要性について，池尾和人は，「既に多くの情報を蓄積しているほど，新規の情報の獲得や解釈が容易になるという性質があり，過去に取引経験のある場合の方が，新規に取引を開始する場合よりも，監視費用を低減できると考えられる」と述べて，過去の取引実績は一種の資本としての価値を持つと指摘している[3]。メインバンクは長期的取引関係のある銀行が選ばれる場合が多く，メインバンクの交代はよほどのことがある場合だけであった。

　この監視に失敗した場合，多くの損失を被る立場にあることがメインバンクの監視の

47

機能を他の銀行が信頼する理由となる。多額の損失を被ることを回避するためにメインバンクは厳格な企業監視を行うと考えられていた。それゆえ貸出のシェアが最大の銀行がメインバンクとなるのであって、ただ審査能力の高い銀行や単に取引歴の長いだけの銀行がメインバンクになるのではなかった。また、メインバンクが株主を犠牲にするような姿勢を取らないことを一般の株主が信頼出来るのは、株式の持ち合いによりメインバンクが企業の株主となっていることからである。従って、メインバンクには企業との多額の株式持ち合いが求められた。

そして、企業が不況期に経営上の困難に陥った場合、他の銀行も支援を継続することがメインバンクの支援体制がある場合には行われ、メインバンクはいわば他の銀行にとって事実上の保証機能を果たしていた。

このメインバンク制の負の側面と思われる点として、1990 年代の不良債権問題の処理において、メインバンクが追い貸しを行っていわゆるゾンビ企業を支えるような行動をとり、不良債権の額を小さく見せるような行動をとったことが指摘されよう。こうした行動は、後述の通り、中小企業取引では見られなかったと言われ、大企業貸出から多額の不良債権が生じ、それが露見することを危惧したメインバンクが取った行動とされている。

また、わが国の企業経営を考える上で重要な取引慣行が先に触れた株式持ち合いである。すなわち、企業のガバナンスにおいて株主の力を弱めることを可能としたのがこの株式持ち合いであり、これにより、従業員出身者が取締役、そして代表取締役となって株式会社の経営権を握った。

一般に個々の株主は保有株式を流通市場で売却することによって企業から容易に資本を引き上げることが可能であるが、企業特殊的な熟練を積む労働者は、その企業と運命を共にする度合が高い。こうした従業員のリスク負担を考えると彼らの経営への関与はなんらかの形で考えられて良いと思われる。

株主は株式譲渡自由の原則によって企業のリスクから逃れることが出来るので、雇用の流動性が低いわが国では従業員の方が企業経営のリスク負担者になっているとも言える。そこで、株式持ち合いの仕組みが用いられ、従業員出身の取締役、代表取締役を選出するわが国の企業の経営者選出の仕組みと相俟って、事実上、株主の影響力を縮小させ、企業のリスク負担者としての従業員による企業統治の範囲を広げることとなった。

シェアーホルダー・ビューと呼ばれる企業価値=株式価値とみる考え方からは、こうした株式持ち合いは認められない。伝統的なわが国の株式会社法制の解釈はこの考え方を取るが、企業価値を顧客、株主、従業員それぞれに対する価値の総和とみるステーク

ホルダー・ビューと呼ばれる考え方からは，株式持ち合いによる従業員の事実上の企業の支配もある程度支持される。2015 年に策定されたコーポレートガバナンス・コードではこの両方の考え方が取り入れられていると思われる。

　戦後，株式持ち合いとメインバンクは対となって年功序列，終身雇用，企業別組合のセットからなるいわゆる日本的経営を可能なものとし，効率的なものとしていた。池尾は，「まさに株式の持ち合いこそが，（中略）日本的経営を可能にしている最も重要な制度的装置である」と述べ，その意義を強調している[4]。つまり，銀行との取引は日本の企業経営の根幹に組み込まれていた。

　しかし，1980 年代からこのメインバンク制が大企業では形骸化し，企業統治が不適切になったと言われている。つまり，大企業の資本の充実と銀行離れの中，メインバンクの大規模債権者としての企業監視機能はバブル時代には弱体化し，過剰な従業員支配が起こっていたと思われる。

　池尾は，「メインバンクが有効に経営監視機能を発揮できたのは，1980 年代以前までの特定の経済的背景に支えられてはじめて可能であったと判断される」と述べて，その経済的背景の重要性を指摘している[5]。

　これに対して岸真清は，コーポレート・ガバナンスはインサイダー型とオープン型に分けることが出来，多数の株主が参加するオープン型（アングロサクソン型）コーポレート・ガバナンスと対照的に，日本のように，間接金融型（メインバンクや株主持ち合いに象徴される）のコーポレート・ガバナンスはインサイダー型コーポレート・ガバナンスとも言えると述べている。そして，1970 年代までは機能したメインバンクの監視機能が衰退すると，この「インサイダー型コーポレート・ガバナンスが疑問視されるようになり，オープン型への移行の必要性が強調されるようになった」と指摘している[6]。

　わが国の商法，そして会社法が定めたオープン型のコーポレート・ガバナンスをインサイダー型に転換した株式持ち合いには限界があり，池尾が指摘したような経済情勢の変化とともにその問題点が表面化したと言えよう。

　なお，先述の不良債権の処理過程においてメインバンクの役割が発揮されたという意見もある。鹿野嘉昭は，北欧 3 ケ国の不動産バブルの処理が迅速に行われたことに比べてわが国の場合バランスシート調整が遅れたことを指摘し，それはメインバンクが支えたのであり，「危機に直面した借り手企業を資金面から支援するというメインバンクの救済機能は今もなお生きている」と述べている[7]。メインバンクの企業救済的な行動は鹿野の言う「借り手企業と銀行との間で構築された運命共同体的な関係」[8]に基づいて行われた。鹿野のこの意見は，わが国の不良債権問題を日本の企業と銀行の構造的な問

題と捉える立場と思われる。

　また，このメインバンク制は歴史的な使命を終えたという意見については別の観点のものもある。岩井克人は，日本的経営は産業資本主義の原理が働かなくなったポスト産業資本主義の時代においてその役割を終えつつあると指摘し，「メイン・バンク制度の衰退はその一つの現れ」であると述べている[9]。もっとも，岩井は銀行の役割がポスト産業資本主義の時代において後退するのではなく，それはかつてシュンペーターが述べたように企業家への資金提供者として，「はるかに知力も努力も要求される」と述べている[10]。

　吉田和男も，今後，日本型経営システムのあり方について変革が進むのとあわせてメインバンク制の変更が求められるとし，メインバンク制は「戦後の圧倒的な資金不足を背景に発達した制度」であったとしている[11]。

　そして，鹿野は，情報化に着眼し，現在では「『日本的経営』として囃されてきた各種の金融取引慣行からの脱却，あるいはその放棄が求められている」と述べている。そして，「情報化は，企業のなかの資本と労働の組み合わせを変えるにとどまらず，企業のあり方や企業と銀行の取引関係のあり方にも強い影響を及ぼし，それらを情報化時代に即したものへと変革させることを求めている」と指摘している[12]。更に，金融における市場メカニズムが拡大すればメインバンクと企業による情報の取り扱いは不透明で説得性に欠けると指摘している。

　しかし，資本市場と貸出市場とでは情報の質，量，資金の出し手が異なるため，一概にメインバンクという銀行の法人取引のあり方を否定することが出来ないと思われる。不特定多数の者が参加する市場型取引では情報平等理論が有力となる。情報平等理論とは，未公開情報に接近できない投資者を犠牲に情報を有する者が利得することを禁じるもので，内部情報をもつ者はすべて内部取引規制の下に置かれるべきであるという米国における理論である[13]。だが，相対取引である貸出市場においては情報の平等という考え方は取れないであろう。

　相沢幸悦は，厳密に定義すればユニバーサル・バンク制が世界でドイツ等の少数の国以外では採用されておらず，わが国でもその採用が見送られたのは，「その内部に深刻な問題が内包されているからである」とし，その第一点として銀行業務と証券業務の利益相反を挙げている[14]。メインバンクの株式保有と貸出業務の利益相反は，銀行が株式の引受業務を行った場合と比較すれば小さいが，それでも一定の問題があることは否定できないだろう。

　とは言え，先述の通り，インサイダー型のガバナンスには疑問もあり，後述するよう

に，近年，メインバンクは大企業取引の分野においてシンジケート・ローンのアレンジャーとしての立場をとるようになっており，貸出取引において透明性の高い取引手法への移行が進んでいる。

シンジケート・ローンによる貸出が多くなれば大規模債権者としての企業監視機能を持つメインバンクという存在はなくなると言え，わが国の銀行では，今，大企業取引において変動が起きていることは間違いない。鹿野は，「わが国に独特の慣行であるメインバンク関係は2000年前後を境として姿を消しており，その意味でメインバンク関係は何らかの構造変化を遂げた可能性を否定することは出来ない」と述べ，1998年の自己査定の導入を一つの要因として指摘し，それはシンジケート・ローンの増加の要因でもあるとしている[15]。

つまり，現在ではメインバンクからアレンジャーへというイノベーションが大企業取引について生じている可能性がある。大企業取引において，メインバンクは株式持ち合いを縮小しながら，相対型金融と市場型金融の結節点としてのアレンジャーへと移行していると思われる。

一方，中小企業取引の分野では銀行が企業に対して擬似資本としてのリスクマネーをある程度供給することは必要であるという意見もあり，株式の持ち合いについてはその非効率性や価格変動リスクについて否定的な見方が強いものの再評価すべしとの議論もある。

ピーターセンとラジャンは，リレーションシップ貸出の研究から米国の銀行の企業株式保有禁止の規制が銀行が中小企業から長期的な収益を得ることを弱めると述べている[16]。これはコストをかけて情報を収集し，審査，モニタリングを行って，その企業が成長した場合のメリットは株価上昇で得られるので銀行にも企業株式を保有させてはという意見と思われる。このように銀行による企業株式の保有は，企業の成長を支え，その成長の果実を得る手段として見直されても良いと考える。わが国の中小企業においては資本性資金の出し手が不足しているのであり，その出資者として銀行に期待がかかっているのではないか。

この銀行による中小企業への株式出資に安易に依存することは問題があるとも言われる。しかし，わが国の金融構造が間接金融主体で多くの個人金融資産が預金となっている状況においては，その預金の資産変換機能の一つとして銀行によるリスクマネー供給としての株式保有の拡大を考えることは可能ではないだろうか。これは日本の金融構造の中での日本的イノベーションと思われる。

銀行の事業会社の株式保有には5%ルールがあるが，これは戦前の財閥による企業支

配の復活を防ぐためのものであった。しかし、非上場会社である中小企業の資本不足への対応を論じるにあたり、そうした議論を持ちだすことは妥当でない。英米では考えられない手法であるが、中小企業の資本増強支援策として銀行の株式保有には新しい意義が見出されてくると思われる。

これによって銀行にリスクが集中するという意見もあるが、大企業取引と異なり中小企業への出資は一つひとつの出資額が少額であることから分散投資が可能であり、銀行経営に与える影響は大企業の株式保有と比較して小さいと思われる。

また、中小企業が株式持ち合いを行い、メインバンクへの信頼を高めれば中小企業の取引銀行数も減少し、銀行組織全体として取引コストの低下に繋がるだろう。

こうして法人取引におけるメインバンクについて検討・考察して来たが、次に中小企業向け貸出と地域密着型金融について検討したい。中小企業取引は銀行の法人取引の多くを占める取引であり、深い検討が求められる。

第3節　中小企業向け貸出と地域密着型金融

3.1　中小企業向け貸出

メインバンクについて検討して来たが、その最後は中小企業向けの株式保有の新展開の可能性を検討した。次に中小企業向け貸出を中心に銀行の法人取引を考察したい。

中小企業向け取引における貸出については、現在では大手銀行は従来の不動産担保貸出への過度の依存を反省し、無担保貸出のビジネスローンと呼ばれる貸出を行っており、地域銀行もこうした取引を増加させている。

不動産担保貸出について、吉田は、「これが金融の基本となったことによって、日本の金融全体は大きく歪んでしまった」とし、都市銀行は無担保貸出が基本であり、不動産担保金融は信用金庫や相互銀行などの中小企業金融機関が中小企業の信用力の不備を回避しながら融資を行う方法であったと述べている[17]。確かにバブル経済の時期には不動産担保による安易な貸出が行われたのであり、それが多額の不良債権になった歴史があり、その後、不動産担保による貸出は減少している。

しかし、無担保のビジネスローンについて一部の大手銀行は取引を縮小する傾向にあると言われる。それはこの貸出は企業の経営状態を数値化して評価するスコアリングという手法によっているが、こうしたミドルリスク・ミドルリターンの自動審査貸出は不良債権も多く発生しているからとされる。その理由の一つとして、西口健二は、銀行が中小企業に融資セールスを行い、結果として統計データが想定していた企業の内、一部の企業にだけ融資を行うこととなり、「統計学のモデルの前提が崩れているのにずっと

適用し続ける」ことからリスク管理が破綻すると指摘している[18]。

しかし，こうした点はあってもトランザクション貸出としての無担保ビジネスローンが従来にない中小企業向け貸出における取組であることは間違いない。米国のウェルズ・ファーゴは，1992 年から事前承認のクレジット・ラインの提供を行っているが，これはデータベースとスコアリング・システムに依拠する商品である。同行はこの取組で中小企業融資のシェアを拡大させた。野村総合研究所によれば，この商品は貸出の相対取引，つまり債務者の個別性に着目した融資条件を伴う取引ではなく，「いわゆる『コモディティ（定番商品）』化している」とされる[19]。これは従来のリレーションシップ貸出である中小企業貸出にはなかった手法と言え，西口が指摘するような点を避けて適切な取組が行われることによってイノベーションとなる可能性が高いと思われる。

中小企業向け貸出は，現在，わが国の銀行の法人向け貸出残高で 6 割以上を占める貸出となっている。1980 年代後半から銀行は中小企業向け貸出を増大させたが，これは全国銀行協会調査部によれば，大企業の銀行離れが進む中，「新たな収益源として中小企業向け貸出に積極的に取り組んだためである」とされている[20]。植杉威一郎と渡辺努は，中小企業の金融機関からの借入残高は 1980 年代からバブル期後期の 95 年度にかけて 4.3 倍に増加したことを指摘し，「同時期における大企業の借入残高の増加が 2.3 倍にとどまっていることと比較するとその突出ぶりが分かる」と述べている[21]。

中小企業は情報の非対称性から銀行貸出に比較して情報処理能力の低い資本市場へのアクセスには限界がある。そのため銀行借入に依存することになる。上田良光は，銀行は中小企業に対し，戦後および高度成長期においては資金不足の状態が続いているため目を向けず，金融の緩和期には貸出を拡大し，逼迫期には貸出を縮小させ，「常に大企業優先の形態をとってきた」と指摘し，中小企業は銀行にとって「"プール的存在"と言われた」と述べている[22]。こうした段階を経て，大企業の資金需要が縮小した貸出市場の状況が出現したのが先述の通り 1980 年代からであった。

この中小企業向け貸出における金利設定については，金融機関無知仮説，ゾンビ貸出仮説，そして金利平準化仮説がある。金融機関無知仮説は，金融機関がリスクと金利の関係を把握できずに貸し出しを続けたという説であり，ゾンビ貸出仮説とは，低収益企業への貸出にかかる損失が明らかになることを先送りする意図を持って金融機関が低い金利をつけたという仮説である。また，金利平準化仮説とは，金融機関が将来の企業の信用リスクも踏まえた上で，長期的な観点に立って現時点での金利を設定しているというものである。

図表 3-1 法人向け貸出と中小企業向け貸出の推移

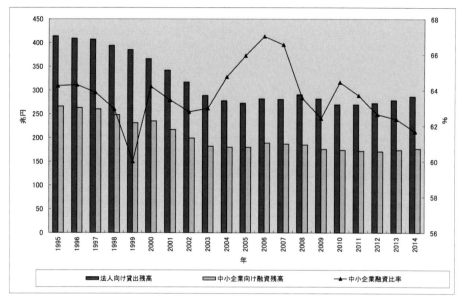

（出所）日本銀行調査統計局（2015）『日本銀行統計２０１５』より作成。

　細野薫は 1998 年から 2002 年における中小企業約 21 万社のデータを用いて分析を行い，金利平準化仮説を支持し，「金融機関のこうしたフォワードルッキングな金利づけ（プライシング）は，借り手企業のキャッシュフローを平準化させ，事業の安定に役だってきた」と言う。ただ，一部においては業績回復見込みのない企業に対して低い金利を提示することにより延命を図るという貸し出し行動（ゾンビ貸出）が存在した可能性があるとも指摘しているが，「全般的に見れば，合理的な金利設定を行ってきた」としている[23]。細野の分析の通り，バブル経済後の銀行は中小企業貸出における情報収集，審査，モニタリングという情報生産の技術を向上させている可能性が高い。
　しかし，中小企業貸出にはそうした情報生産だけに左右されるのではなく銀行のバランスシートが毀損することにより企業の借入申込が拒絶・減額される傾向が強まること，そして，この結果，中小企業における設備投資，雇用，流動性が悪化すると言われる。
　小川一夫は，中小企業庁のデータを用いた分析で，「企業の長期的な成長を維持する上で不可欠な設備投資や雇用に対して，メインバンクの財務状況が大きな影響を与える」という結果を得ている[24]。そして更に小川は，「不良債権の処理によってメインバ

ンクの財務状況が改善すれば，融資サービス以外のサービスの提供を通じて，顧客企業の設備投資や雇用が増大する」と指摘している[25]。メインバンクの制度は株式を上場している大企業を中心に考えられていたが，中小企業取引においてもその役割は小さくないことが小川の分析によって示された。

メインバンクがこれほどの影響を与えるのはわが国の中小企業の財務体質，特に自己資本比率の低さにも原因があると思われる。米国では中小企業でもわが国の大企業並の自己資本を備えており，これが銀行への借入依存を引き下げており，また，担保依存度も引き下げる結果になっていると推察される。

図表3-2　日米製造業の負債，資本構造（5億円，5百万ドル未満の企業）

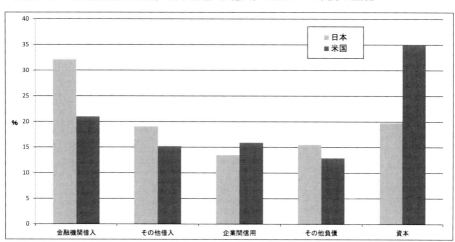

（出所）渡辺努・植杉威一郎編著（2008）『検証　中小企業金融』，147ページより作成。
　　注）日本は2003年度，米国は2004年のデータ。

2008年のリーマン・ショックは世界の金融経済を大きな混乱に陥れたが，その影響からわが国の経済は戦後最大級の景気後退に陥り，中小企業もその影響受けた。そこで，2009年12月に中小企業金融円滑化法が制定され，その後，2度の延長が行われて2013年3月まで延長された。これは中小企業が資金繰りに窮して銀行に返済条件の変更を申し入れた場合，出来る限りそれに対応することを求めた法律であり，モラトリアム法とも呼ばれていた。この法律は，金融機関のコンサルティング機能，つまり経営相談，経営支援，事業再生等への取組強化の促進を目指していたものであり，銀行の法人取引に

55

影響を与えたと思われる内容となっている。

　また，金融庁のいわゆる円滑化指針においては，企業を①経営改善が必要な債務者，②事業再生や業種転換が必要な債務者，③事業の持続可能性が見込まれない債務者に企業を区分し，それぞれに対してソリューションの提案が求められている。この中で①に対してはビジネス・マッチングなどのソリューションを提供し，②に対しては，DESやDDSと言ったソリューションの提供が求められている。そして，③に対しては，自主廃業等の提案を行うことになる。

　このビジネス・マッチングとは，中小企業が抱える事業展開上の課題を他の企業と協力することで解決することで，銀行がその仲介を行うことを指す。ビジネス・マッチングは，企業のビジネスに銀行がシステム全体として保有する情報を提供してゆくコーディネイト機能と捉えれば有意義な取引活動と考えられるだろう。地域銀行は地域の情報集積拠点，情報ハブとしての機能を発揮することが求められている。

　後述するPFIについても，足立慎一郎は，PPPやPFIの多様化に伴い民間の担い手も建設・不動産・製造業などの複合体となるケースが増加すると想定されると述べ，「これら関連産業の適切なマッチングなども金融機関が力を発揮するべき場面といえるだろう」と指摘している[26]。このような取り組みは，かつての営業紹介を超えたイノベーションと言える可能性がある。

　しかし，友田信男は金融機関のコンサルティング機能強化といっても，すべての企業の経営改善を手がけることは困難で，銀行員1人が担当できる企業は20-50社が限界との意見も多く，「元来，金融機関は財務のプロであっても経営や技術開発は専門外である。当初から再生が見込まれない企業の条件変更に応じている可能性もあり，金融機関のコンサルティング機能に多くは期待できないだろう」と述べ，コンサルティング機能の発揮に懸念を表明している[27]。

　とは言え，中小企業の中には素朴な事業管理態勢しか持っていない企業も少なくない。そうした企業にいわゆるコンサルティング会社のアドバイスを導入しても効果的とは言えないだろう。やはり，日々の日常取引を通じて企業を把握している金融機関が基本的なアドバイスを行うことは有益であろう。こうした取組はイノベーションの一つであり，単なる資金提供から知識提供を伴った資金提供へと中小企業との取引の内容が変化していると推察される。

　以上のように中小企業との取引を貸出について見てきたが，中小企業取引については更に金融庁の指導の下，地域密着型金融の取組が行われている。これについて更に検討して行きたい。

3.2 地域密着型金融

　2003 年に金融庁が「リレーションシップバンキングの機能強化」というアクションプログラムを発表したことから，いわゆるリレーションシップバンキングへの取組が地域金融機関において始まった。そして，それは 2005 年からは地域密着型金融と呼ばれるようになり，2007 年から恒久措置とされている。

　小藤康夫は，中小企業の経営を知るには長期間に渡る取引関係がなければ情報は得られないのであり，リレーションシップバンキングはそうした長期に渡る関係から蓄積された情報に基づいて融資の判断をする銀行業を言うと指摘し，「地域金融機関は大手銀行とまったく異なったビジネスモデルが展開されている」と述べている[28]。

　わが国の銀行取引では長期的な取引が重視されている点について，尾藤剛は，「長期にわたる融資取引と返済実績という情報が，貸出先の信用リスクを評価するうえで決定的に重要である可能性を示唆している」と述べている。そして，「同じ決算書の状況であれば，取引年数の長い貸出先のほうがデフォルト率は低いうえに，景気変動に対しても安定的である」と指摘している[29]。これは，わが国の銀行が長期取引の中で様々なソフト情報を入手し，財務諸表というハード情報にはない観点を加味して貸出審査を行っていることを示していると言えよう。

　金融庁の言う地域密着型金融の内容には，いわゆるリレーションシップバンキングに加えて，①ライフサイクルに応じた取引先企業の支援，②事業価値を見極める融資手法をはじめとした中小企業に適した資金提供，③地域の情報収集を活用した持続可能な地域経済への貢献などが含まれている。

　ここで言うライフサイクルに応じた取引先企業の支援とは，先述のコンサルティング機能を発揮した事業再生，創業・新事業支援，経営改善支援，事業承継を指す。具体的には，DDS・DES，事業承継支援・M&A などがある。

　DDS とはデット・デット・スワップのことで，特定の債権者の有する債権を劣後ローンに転換する手法である。劣後ローンに転換することにより，企業は一定期間の返済猶予といった形での支援を受けることができる。将来のキャッシュフローに問題はないが，現状のバランスシートにおいて実質的に債務超過に陥っているような企業に対して取られるソリューションである。

　また，DES とはデット・エクイティ・スワップのことであり，貸出債権を現物出資することによる債務の株式化のことであるが，DDS に比較すると実績は少ないと言われる。しかし，2013 年，例外的に銀行の一部の貸出債権を 100%株式化することが認められ，今後，企業再生の手法としての取組が増えることが予想される。

事業承継とは，企業のライフステージの一段階としてオーナー経営者が経営する中小企業を円滑に次世代に引き渡してゆくことへの支援サービスである。親族内承継，従業員などへの承継，また，投資銀行ビジネスの一つとして後述する M&A の活用など多様な方策がある。

　事業価値を見極める融資手法とは，不動産担保・個人保証に過度に依存しない融資等への取組，具体的には ABL，コベナンツを活用した融資などである。

　ABL は新しい貸出手法であり，動産・債権等の事業収益資産を担保として資金調達を行う貸出のことである。事業収益資産とはキャッシュフローを生みだすものであって，商品性があって将来収入に転化する資産や将来の収入を生みだす資産のことである。

　地域の情報集積を活用した持続可能な地域経済への貢献とは，地域全体の活性化，持続的な成長を視野に入れた，同時的・一体的な面的再生への取組，地域の特性に根ざした多様性のある地域社会の創造への取組などを言い，例えば PFI への取組などを指す。また，地域活性化につながる多様なサービスの提供，地域への適切なコミットメント，公共部門の規律付けとされている。

　わが国では 1999 年に PFI 法が制定され，わが国でも PFI の時代が到来していると言われる。PFI というと公営事業，刑務所，病院，学校等を民間企業が建設，運営することと理解されがちであろう。しかし，その目的は，官がすべてを行うことによるリスクを分割して民の建設業者，事業者，金融機関等が分担してリスク全体を小さくすることにある。金融機関は，この取組にコーディネーターとして参画することが期待されている。

　根本祐二は，「金融に役割を担わせる理由は，金融機関は，長期にわたって貸付金の元利を返してもらってはじめて仕事がおわるという立場が，プロジェクトを成功に導くための原動力となるだろうと期待された」と述べている[30]。つまり，いわば「逃げない貸し手」の存在がプロジェクトに効果的であると言うことであろう。先述の地域へのコミットメントとはこうした事を指すと言え，従来の地公体向けの貸出とは異なるイノベーションが地域銀行の貸出に起こりつつあると思われる。

　中小企業との取引は，貸出取引だけでは成立しにくくなっているのが現状と言われる。多胡秀人は，「ほとんどの中小企業経営者の頭の中にあるのは，『自らの事業の持続と成長』であり，資金調達については二の次だ。（中略）中小企業経営者の最大のニーズといえば，『自らの事業の持続と成長に資する得難い情報』」[31]であると述べている。地域密着型金融は，そうした中小企業のニーズに包括的に対応する銀行の法人取引の新しい活動，イノベーションであろう。

多胡は，地域密着型金融が目指すビジネスモデルは「『脱』価格競争の経営である」と述べ，このようなスタイルの業種として「小売業の典型はコンビニエンスストアである。車で走ってスーパーマーケットに行けば安く買える商品であっても，歩いて数分で行ける近所のコンビニエンスストアで定額購入する顧客は多い」として，その在り方を示唆している[32]。

　地域の企業のニーズに対応出来れば低価格でなくとも顧客は得られる。しかし，低品質のサービスではやはり顧客を獲得することは出来ない。地域密着型金融は，いわばコンビニエンス・バンキングでなければならないだろう。

　内田浩史は，学問的なリレーションシップ貸出について，「トランザクション貸出と比較すると，リレーションシップ貸出は高費用高収入の貸出だと考えられる」とその時間と労力のコストを指摘している[33]。これは大銀行が展開する中小企業貸出にはない特徴である。

　岸は，米国のコミュニティ銀行が存続可能な理由としてリレーションシップを尊重する貸出業務を行ったからであるとし，上位行の大型化に伴って小企業に関心が払われなくなった領域で営業を行ったことが理由であると指摘する。そして，利便性が良いなどの理由から「顧客がトランザクションバンキングではなくリレーションシップ志向型銀行を選んだからと考えることができる」と述べている[34]。

　これはリレーションシップ貸出がソフト情報に依拠することからも言える。ステインは，ソフトな情報は規模の小さなシンプルな組織によって提供されることが望ましいと述べている[35]。中小企業向けの貸出は小規模の金融機関に優位性があると言え，中小企業の法人取引について地域銀行のような小規模の銀行が主たる担い手となる可能性が高いと推察される。

　なお，リレーションシップ貸出の高コストを回収できるだけの高収入を確保できるかという問題があるが，米国の研究ではリレーションシップの強い金融機関は超過利潤を得るとされている。シャープは，取引関係が親密な金融仲介機関とそれ以外の金融仲介機関との間に情報格差がある場合に，親密な金融仲介機関がレントを得るとし，貸出市場における非対称の情報は独占を生むとしている[36]。

　しかし，わが国の銀行の利鞘は欧米の銀行に比較して小さく，オーバー・バンキングが言われており，確かに信用金庫や信用組合の利鞘は全国銀行に比較すれば大きいが，一般にリレーションシップの強い銀行が良い収益を得ているとは思われない。

　これに対して，多胡は，地域金融機関が課題解決能力・ソリューション能力のレベルアップを目指し，「好景気になるとトランザクションバンキンに傾斜しがちな多くの平

均的な中小企業の耳目を引くだけのものを提供する能力をもつこと」[37]が必要であると指摘している。

　小藤も，「地域金融機関は日々の取引のなかで外部からではなかなか得られない企業の独占的情報を蓄積し，それを活用しながら独占的利潤を得ている」と述べている[38]。しかし，実際は零細企業でもわが国では一行取引は多くはなく，独占的な取引も独占的利潤もあまり見られないというのが実情であろう。従って先述のように高コストを回収するには多胡の指摘するようにサービス力の強化，取引の質の向上に取り組む必要があると思われる。

図表3-3　企業規模（従業員数）と取引銀行数（2003年12月）

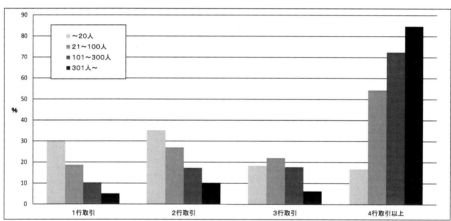

（出所）内田浩史（2010）『金融機能と銀行業の経済分析』185ページより作成。

　なお，わが国のオーバー・バンキング説について，山田能伸はオーバー・デポジットが原因であるとし，「オーバー・デポジットの状況が続く限り貸出競争は変わらず，日本全体で預金金融機関の数がたとえば10に減少しても，利鞘は改善しないだろう」と主張している[39]。そして，歴史的にみてかつてはオーバー・ローンの状況で低金利による貸出が行われ，それとセットとして担保の徴求が行われていたのであって，「伝統的な低金利貸出，オーバー・ローン，担保（特に換金性に優れた不動産担保）という，日本における企業貸出3点セットのうち，オーバー・ローンはオーバー・デポジットに変化した」と述べている[40]。こうしたオーバー・デポジットの状況では貸出市場の均衡金利は低水準となり，それゆえに利鞘が低くなっているとする。

第3章　銀行の法人取引とイノベーション

　山田の意見ではわが国のマクロ的金融構造が変化しない限り，結果的にリレーションシップバンキングは成立しないことになる。しかし，米国でも1980年代前半まで14,000を超える数の銀行が存在し，現在でも約7,000の銀行が激しい競争を展開していると言われる。そうした事を考慮すればリレーションシップバンキングがわが国で成立する可能性はある。つまり，多胡の言うように地域銀行が近くて便利な金融サービスのコンビニエンスストアーになれば，高い収益は得られる。地域密着型金融の推進の過程において，従来の地域銀行では見られなかった様々な取組がなされており，こうしたイノベーションは既に起こりつつあると推察される。

　以上のように中小企業取引について，地域密着型金融等を見てきたが，次に投資銀行ビジネスについて見てゆきたい。こうした銀行取引は大手企業との法人取引において提供されるサービスであり，貸出業務の主たる対象が個人向けローンと中小企業へと変化する一方で，重要な法人取引の一分野となっている。

第4節　投資銀行ビジネス

4.1　銀行の投資銀行ビジネスの概要

　中小企業との取引を検討してきたが，株式が上場されているような大企業との大口の銀行の取引はホールセール取引と呼ばれる。ホールセール取引は，大企業がその設備資金などを資本市場から調達することが困難な時代においてはそうした資金を融資することが主な内容であり，大口の資金提供取引に過ぎなかった。

　しかし，1970年代以降，金融の自由化が進み，資本市場，短期金融市場共に大企業にとっては利用が容易な市場となり，銀行の大企業向け貸出は困難となっていった。そうした中，銀行の投資銀行ビジネスと呼ばれる業務が国際分野を中心に展開された。

　まず，1970年代から海外での社債の起債業務への関与が大企業取引の大きな分野となった。そして1990年代には国内の社債市場も規制緩和が行われ，大手銀行は証券子会社を通じて社債引受業務に取り組んだ。

　そして，1998年以降，金融持ち株会社で証券会社をグループ内に持つことが許されるようになると，大手銀行はグループ会社の証券会社と協働して大企業の資本市場を通じた資金調達ニーズを吸収するようになった。

　山田は，邦銀のビジネスモデルは多様化しているとして，3大メガバンクは連結子会社の利益貢献度が高いだけでなく，勘定科目上も収益基盤が分散されており，「総合金融機関であるといえよう」と述べている[41]。既にメガバンクは預貸金業務を中心とするビジネスモデルを脱却した業務を行っているのであり，その一つが投資銀行ビジネス

61

である。

　投資銀行ビジネスとしては，M&A，シンジケート・ローン，不動産ファイナンス，プロジェクト・ファイナンス，ストラクチャード・ファイナンスなど多様な業務がある。わが国では現在でも銀行本体による株式，債券の引き受けは禁止されているため，米国で言う投資銀行ビジネスの典型とされていたこうした業務はない。しかし，現在では米国でも引受業務は投資銀行の多様な業務の一つでしかなくなっている。

4.2　M&A 業務

　投資銀行ビジネスの内，M&A とは企業の合併・買収のことを指すが，日本の大企業のM&A の理由として多いものは，国際競争力の獲得，国内市場での競争力強化，破綻企業の再生といったものであると言われる。また，M&A には，株式交換，株式移転，事業譲渡，会社分割なども含まれ，中小企業においても広く事業の戦略的展開の手段とされている。

　特に，近年，わが国の大企業はグローバル化を目指して海外企業の買収を盛んに行っており，大手銀行はこうした取引のアドバイスを行うファイナンシャル・アドバイザーの役割獲得に取り組んでいる。

　M&A 業務は，コンサルティング，マッチメイキング，エクセキューション，クロージングの各段階からなるとされるが，最も重要なのはコンサルティングの段階における企業評価であろう。

　こうした業務に銀行が乗り出した経緯としては経営支援業務を従来から行っていたことがあり，この経験がこのような業務を可能にしている。つまり，銀行は，通常，経営相談業務に対応した部署を設けているが，企業の合併，買収，事業譲渡，企業分割等を含んだ企業の経営戦略についての相談が持ち込まれることが多くなり，そうした部署が発展してこうした業務に取り組むようになったと言われる。

　証券会社は上場企業の株式取引からM&A 業務に参入しているが，銀行は経営ニーズへの対応という点から参入しており，このため銀行は非上場企業である中小企業の案件を多く手がけている。

　証券会社は非上場企業については余剰資金の運用に関与して来たが，銀行は経営全般に関与する中でM&A ニーズへの対応をビジネスチャンスとして捉えた。日常業務の中から企業ニーズに対応し，従来の銀行業の枠を超えた新たなサービスを提供しはじめたと言える。

　M&A の世界には「2012 年問題」と呼ばれる現象があった。それは，1947 年〜1949

第3章　銀行の法人取引とイノベーション

年生まれのいわゆる団塊の世代が 65 歳に到達し，事業承継のピークが本格的に到来したことを指す。しかし，鈴木安夫は，「中小企業にとって M&A というのは，一過性のブームではなく，それぞれの企業が抱える経営上の課題を根本的に解決する有効な経営戦略として定着してきている」[42]と述べている。銀行の法人取引の現場から生じたニーズ対応型のイノベーションが銀行の M&A ビジネスと考えられるだろう。

4.3　シンジケート・ローン

　わが国の銀行の投資銀行業務の柱の一つであるシンジケート・ローンのアレンジメントとは，借入人からマンデートを取得し，インフォメーションメモランダムを作成し，参加候補の金融機関に配布して参加を呼びかけ，シンジケート団を組成して，貸出条件の調整を行うことを指す。

　このアレンジャーの役割は，単に貸出条件の調整能力が高いというだけでは行うことが出来ない。小谷範人は，「わが国では，シンジケートローンは従来のメインバンク制における協調的融資や相対融資がシンジケートローンに振り代わっている面がある」と述べている。そして，「参加金融機関はメインバンクの約75%が就任するアレンジャーに，借入人の貸出審査（スクリーニング）や事後のモニタリングを依存していることが多いこともあり，借入人の信用力の問題がシンジケートローンの組成に及ぼす影響は低いと考えられる」と指摘している[43]。

　つまり，アレンジャーの役割に就くためには企業のメインバンクであることが重要な要素となっている。メインバンクは企業内容を熟知しており，情報の非対称性が取引銀行の中で最も小さいと考えられ，それが結果としてシンジケート・ローン参加銀行の案件への信頼性を高めると推察され，参加銀行のエージェンシー・コストは大幅に節約されている。

　シェアードは，ダイヤモンドが指摘した資金の出し手の代表としての仲介者の監視が情報コストを削減する事について，日本のメインバンク制度では取引銀行の代表としてのメインバンクに見いだすと指摘している[44]。つまり，個々の取引銀行を資金の出し手と考え，メインバンクを仲介者と見立てることが出来るのであり，それほどの機能を持つメインバンクであればアレンジャーに就任することは妥当と言えるであろう。

　このシンジケート・ローンは銀行の法人取引を変える面がある。メインバンクは取引先の大企業が厳しい状況に追い込まれた場合，先述の通り，支援という名の追い貸しを行うことがあった。中小企業に対しては，銀行は貸し渋り，貸し剥がしを行ったが，小川はデータ分析を踏まえて「追い貸しは大企業に限られた現象のようである」と指摘し

63

ている[45]。

　こうした追い貸しも含めてソフトな予算制約が銀行取引には生じる。シンジケート・ローンでは全ての参加行が同一条件での貸付を行い，条件変更も全参加行の同意が必要となる。小谷は，「シンジケートローン取引は，従来の融資取引において生じることがあった『ソフトな予算制約』を『ハードな予算制約』に変換させ，リスク分散とともにソフトバジェット問題を緩和する機能を持つ」と指摘している[46]。

　シンジケート・ローンは 2000 年代に急成長し，特に大企業との取引を質的に転換させる水準まで到達している可能性があり，大企業取引のイノベーションが起こっていると思われる。

図表 3-4　シンジケート・ローン残高の推移

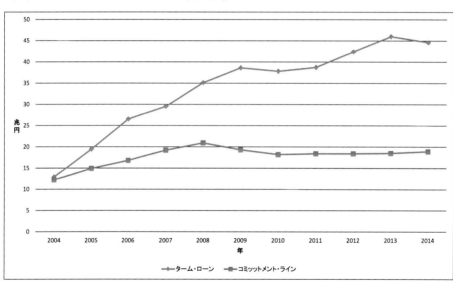

（出所）全国銀行協会ホームページ「貸出債権市場取引動向」より作成。

　社債や株式の引受を主たる業務とする証券会社や投資家への情報提供を行う格付機関による情報生産と比較すれば銀行の情報生産は水準が高い。そして，シンジケート・ローンは資本市場での資金調達が不可能な企業を対象とすることが出来る。そうした意味で，シンジケート・ローンはソフト情報によるリレーションシップ貸出と資本市場でのハード情報による資金調達の中間領域を担当する市場型間接金融と言える。

第3章 銀行の法人取引とイノベーション

　こうしたシンジケート・ローンは大手銀行を中心に発展しているが，地域銀行がシンジケート・ローンに取り組めば貸出先の地域偏在から解放されることになり，リスク管理上，好ましい結果を得られる。

　また，銀行は短期信用の長期化という機能を果たしているが，銀行にとり流動性に対する配慮は不可欠である。吉尾匡三は，銀行流動性理論について古典的であったものは商業貸付理論であり，それに次いで20世紀には転嫁性理論が現れ，金融市場での売却可能性があれば，仮に長期債であっても流動的資産とみることが出来るとし，「今日では，この転嫁性理論が支配的になっている」としている[47]。

　先述の通り，長期貸出が多くなれば銀行の流動性の問題が大きくなるが，シンジケート・ローンとして組成された長期の貸出債権はローン債権市場での売却可能性があるため，銀行の健全性を向上させる。この意味でもシンジケート・ローン業務は銀行システムの安定性に資すると言え，わが国の銀行システム全体として見ても一つのイノベーションと言えるであろう。

4.4　不動産ファイナンス

　M&A業務とシンジケート・ローンのアレンジメント業務と同様，銀行は不動産ファイナンスにおいては自らがノンリコース・ローンのレンダーとして登場する他，アレンジャーとしてレンダー集団等の組成のアレンジメント業務を行っている。

　このアレンジメント業務は企業のニーズを満たすようにスキーム全体のストラクチャーを設計することがベースとなり，エクイティー投資家，デット投資家，メザニン投資家と言った多様な投資家を募ることが中核的な業務となる。

　不動産ファイナンスはアセット・ファイナンスの一分野であり，企業が保有する不動産や保有しようとする不動産を活用して資金調達を行うファイナンス手法であり，コーポレート・ファイナンスとは対照的な資金調達手法である。投資家は対象となった不動産の収益性，つまりプロジェクト・ファイナンスのように当該不動産が生み出す将来のキャッシュフローに依拠して資金が提供され，借入主体としてはSPCが設立されることにより，不動産の元の所有者であるオリジネーターとは倒産隔離がなされている。

　アレンジャーの業務はシンジケート・ローンの組成に類似した業務と言え，一種の市場型間接金融である。つまり，不動産ファイナンスではアレンジャーがデット投資家，エクイティー投資家，メザニン投資家とその条件について交渉し，一方で借り手であるSPCの返済可能性についての審査を行うことになる。

　小谷は，「銀行の信用リスク負担構造を背景とした金融仲介機能の麻痺という事態を

65

二度と招かないためにも，銀行のみが信用リスクを抱える間接金融システムを見直し，信用リスクの分散が図れるシンジケートローンや証券化，そして投資信託のような市場型間接金融の導入を進める必要がある」[48]と指摘し，証券化取引の重要性について言及している。広義の不動産の証券化である不動産ファイナンスの重要性は高い。

かつての法人取引では不動産と言えば担保の対象でしかなかったが，それを企業本体から切り離して金融化する業務への取組は銀行にとりイノベーションである可能性が小さくないと推察される。

以上のようにわが国の主な投資銀行ビジネスを考察してきたが，そこにはミクロ，マクロの両面からイノベーションが見られた。こうした点を受けて次にわが国の銀行の法人取引の将来像を検討したい。

第5節 銀行の法人取引の将来

わが国の銀行が行っている投資銀行ビジネスについて考察してきたが，次に銀行の法人取引の将来について考察したい。

まず，投資銀行ビジネスについてであるが，米国の投資銀行では，近年，高度な金融工学を用いた金融商品などのトレーディング業務や，その商品の創出業務が多くなっているが，そうした取引はリスクが高い。

しかし，こうした投資銀行ビジネスは知識集約産業として発展が見込まれ，わが国の銀行，金融グループにおいても投資銀行業務は拡大してゆくことが考えられる。世界的にみてもリーマン・ショックの金融危機の後，欧米の投資銀行の業績は回復している。

とは言え，一時的には米国の投資銀行が破綻した業務分野であることも間違いない。山田は，「金融はあくまで経済の血流であり，地道なリテール業務における成長性の追求が王道であろう」と述べ，サブプライムローンに関連した投資銀行ビジネスの行き過ぎた展開を批判している[49]。

投資銀行ビジネスは貸出という資金の提供ではなく，企業金融についての情報の提供が主となる業務であるが，その適正な発展に留意することがわが国の銀行の投資銀行ビジネスの課題となる。

山本修は，「企業による資本市場へのアクセスがグローバルに自由化されてきている現在，大企業が銀行に期待するものは資金の提供者としての機能ではなくなってきている」と述べている[50]。M&A，シンジケート・ローン，不動産ファイナンス，プロジェクト・ファイナンス等のアレンジメントは，こうした企業のニーズに対応する銀行の新しい法人取引と言えよう。

第 3 章　銀行の法人取引とイノベーション

　そして更に，山本は銀行の大企業取引についてプロダクト単位の事業運営によるソリューション提供型重視の必要性を指摘している。実際，現在のメガバンクの組織はこうしたソリューション単位の組織となってきていると言われる。

　だが，山本は，「先進欧米金融機関の中には，JP モルガンのようにすでに『ソリューション提供力強化』という当面の目標を達成し，再び顧客リレーションの強化，各プロダクトサービス統合力の強化を目指すアプローチへと舵を切る例がみられる」として，法人取引におけるリレーション重視が欧米の先進的銀行で採りいれられていることも指摘していた[51]。

　このリレーションについてだが，宇田左近は，規制下の銀行業は当局が情報源であったが，自由競争下の銀行業は誰に対してどのような商品・サービスをいかに提供するのかを知るために，「情報源は顧客」であると述べている[52]。つまり，現代の法人取引ではマーケティング的な観点からもリレーションが語られるのである。

　また，古我知史は，「顧客の本質的なニーズに応えるためには，銀行も個々の金融機能の切売りとしての単品商品の提供にとどまらず，顧客にとって必要な機能を包括的に提供することを考えるべきであろう」と述べている[53]。この「包括的」という観点はこれからの銀行の法人取引の重要な概念となる可能性が高い。企業活動に対して銀行は多様なサービスを包括的視点から提供することが求められている。そのためには銀行の法人取引にはグループ・バンキングが不可欠となるだろう。

　次にリレーションシップ・バンキングであるが，この分野では更なるコスト削減の努力が求められるだろう。そして，地域密着型金融で言われるビジネス・マッチング等の顧客支援業務の拡大強化が課題となると思われる。地域銀行にも大銀行と同様の質の高いサービスが求められている。また，地域経済全体を浮揚させるような取組も求められている。特に製造業に依存した地域経済は困難なものがあり，中小企業向けの設備資金向け貸出額を見れば，過去 20 年で非製造業向けの設備資金は減少に歯止めがかかっているが，製造業向けの減少傾向は変わりがない。こうした地域では，地域経済の在り方の転換，新しい産業，すなわち，医療，介護，健康，環境・エネルギー等の分野への転換が求められている。

　銀行には伝統的銀行業務の枠から飛び出すイノベーティブな業務が求められ，実際にそうした取組は行われつつある。例えば，現在では地域銀行でも中小企業の海外進出支援はごく普通に行われているが，こうしたことは従来では考えられなかったことである。地域の企業のグローバル化は進展しており，地域銀行もそうした企業の動きに対応することが求められており，また，それが可能となりつつある。

図表3-5 中小企業製造業, 非製造業の設備資金の推移

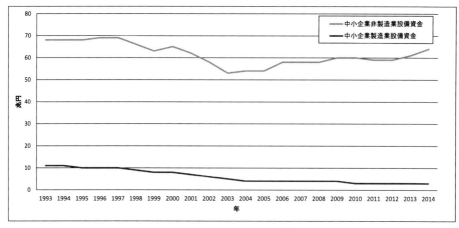

(出所) 日本銀行調査統計局 (2015)『日本銀行統計２０１５』より作成。

　また, 中小企業向け貸出の強化という点では小規模のシンジケート・ローンが考えられ, 事実, 多くの地域銀行で取り組まれている。信用リスクの分散化によって中小企業向け貸出を容易にすることが出来る小規模シンジケート・ローンの取組みの意義は小さくない。
　銀行の法人取引の今後は, 包括的にリレーションシップ取引とトランザクション的な取引を組み合わせてゆくことになる。こうした組み合わせへの取り組みはわが国の企業が得意とするところであり, 着実なイノベーションに取り組みつつあるのがわが国の銀行である。

おわりに
　わが国の銀行の法人取引は様々な点でイノベーションの時を迎えつつある。シンジケート・ローンの増加は銀行の大企業取引の形態を変えつつある。また, 中小企業取引では地域密着型金融として単純な資金提供業務を超えて様々な地域企業のニーズに応える地域銀行が現れている。
　メインバンクの仕組みは, 銀行と企業とのあり方が変化する中でその役割を情報の効率的な仲介者へと変化するだろう。そして, 中小企業取引においては銀行による企業の株式保有はリスク資本の提供者としての位置付の中でとらえられることになると思われる。

銀行における投資銀行業務はM&Aなど多様な金融サービスを提供する方向で拡大するに違いない。銀行の法人取引は包括的な顧客支援業務の中に貸出業務が存在することになると思われ，様々なイノベーションが起きつつあるのが現代の銀行における法人取引である。いわゆる革新的な取組だけがイノベーションではなく，連続的変化や模倣の中にもイノベーションは展開される。今ではアジア諸国への海外展開が見られるコンビニエンスストアーも米国の産業の模倣で始まり，それを高度化したのがわが国のそれらの産業である。銀行の法人取引においてもそうした動きが起こっていると思われる。

　こうしたわが国の銀行における新しい法人取引についての研究が行われることの意義が小さくないと思われ，個々の取引場面を踏まえた研究の進展を期待したい。

注)
1) 池尾和人・金子隆・鹿野嘉昭（1993）『ゼミナール現代の銀行』東洋経済新報社，39ページ。
2) 池尾・金子・鹿野，同上，40ページ。
3) 池尾・金子・鹿野，同上，74ページ。
4) 池尾和人（2010）『現代の金融　新版』筑摩書房，177ページ。
5) 池尾，同上，179ページ。
6) 岸真清（2013）『共助社会の金融システム』文眞堂，121ページ。
7) 鹿野嘉昭（2006）『日本の金融制度　第2版』東洋経済新報社，156ページ。
8) 鹿野，同上，160ページ。
9) 岩井克人（2005）『会社はだれのものか』平凡社，56ページ。
10) 岩井，同上，75ページ。
11) 吉田和男（2000）『銀行再編のビジョン』日本評論社，104ページ。
12) 鹿野，前掲書，21ページ。
13) 近藤光男・吉原和志・黒沼悦郎（2003）『新訂第二版　証券取引法入門』商事法務，245ページ。
14) 相沢幸悦（1997）『ユニバーサル・バンクと金融持株会社』日本評論社，9ページ。
15) 鹿野嘉昭（2013）『日本の金融制度　第3版』東洋経済新報社，222-225ページ。
16) Petersen,M.A. and R.G.Rajan(1994)"The benefits of lending relationships: evidence from small business data, *Journal of Finance*,vol.49.,pp.3-37.
17) 吉田，前掲書，106ページ。
18) 西口健二（2011）『金融リスク管理の現場』金融財政事情研究会，91ページ。
19) 千野忠男監修野村総合研究所著（1998）『米銀の21世紀戦略』金融財政事情研究会，163頁ページ。
20) 全国銀行協会金融調査部編（2010）『図説わが国の銀行』財経詳報社，106ページ。
21) 渡辺努・植杉威一郎編著（2008）『検証中小企業金融』日本経済新聞出版社，4ページ。
22) 佐野勝次・上田良光・市川千秋編著（2007）『エッセンシャル銀行論』中央経済社，115ページ。

23) 細野薫（2008）「中小企業向け融資は適切に金利設定されているか」渡辺努・植杉威一郎『検証　中小企業金融』日本経済新聞出版社，74 ページ。

24) 小川一夫（2008）「貸しはがしの影響は深刻だったのか」渡辺努・植杉威一郎『検証　中小企業金融』日本経済新聞出版社，103 ページ。

25) 小川，同上，103 ページ。

26) 足立慎一郎（2013）「公共インフラ老朽化問題の解決に金融機関の果たす役割は大きい」『週刊金融財政事情』第 64 巻第 25 号，14-18 頁。

27) 友田信夫（2012）「厳しさ増す中小企業経営」『週刊金融財政事情』第 63 巻第 44 号，22-25 ページ。

28) 小藤康夫（2006）『金融コングロマリット化と地域金融機関』八千代出版，75 ページ。

29) 尾藤剛（2012）「地銀が主役につく貸出市場に漂う三つの懸念」『週刊金融財政事情』第 63 巻第 47 号，22-26 ページ。

30) 根本祐二（2006）『地域再生に金融を活かす』学芸出版社，56 ページ。

31) 多胡秀人（2007）『地域金融論』きんざい，83-84 ページ。

32) 多胡，同上，91 ページ。

33) 内田浩史（2010）『金融機能と銀行業の経済分析』日本経済新聞出版社，66 ページ。

34) 岸，前掲書，158 ページ。

35) Stein,J.C.(2002) "Information production and capital allocation : decentralized versus hierarchical firms," *Journal of Finance*, vol.57.,pp.1891-1921.

36) Sharpe,S.A.（1990） "Asymmetric information, bank lending, and implicit contracts: A stylized model of customer relationships," *Journal of Finance*, vol.45.,pp.1069-1087.

37) 多胡，前掲書，258 ページ。

38) 小藤，前掲書，75 ページ。

39) 山田能伸（2009）『地域金融―勝者の条件』金融財政事情研究会，55 ページ。

40) 山田，同上，57 ページ。

41) 山田，同上，36 ページ。

42) 鈴木安夫（2013）「中小企業 M&A の潮流」『KINZAI ファイナンシャルプラン』金融財政事情研究会，Ｎｏ．360，4-9 ページ。

43) 小谷範人（2009）『シンジケートローン市場構造と市場型間接金融』渓水社，109 ページ。

44) Sheard, Paul(1988)" The Main Bank System and Corporate Monitoring and Control in Japan" *Journal of Economic Behavior and Organization* 11,pp.399-422.

45) 小川一夫（2008）「貸しはがしの影響は深刻だったのか」渡辺努・植杉威一郎『検証　中小企業金融』日本経済新聞出版社，102 ページ。

46) 小谷，前掲書，20 ページ。

47) 川口慎二・三木谷良一編（1986）『テキストブック銀行論』有斐閣，140 ページ。

48) 小谷，前掲書，129 ページ。

49) 山田，前掲書，8 ページ。

50) マッキンゼー金融グループ（1997）『新・銀行の戦略革新』東洋経済新報社，123 ページ。

51) マキッキンゼー，同上，139 ページ。

52) マッキンゼー，同上，5 ページ。

53) マッキンゼー，同上，73 ページ。

参考文献

相沢幸悦（1997）『ユニバーサル・バンクと金融持株会社』日本評論社

足立慎一郎（2013）「公共インフラ老朽化問題の解決に金融機関の果たす役割は大きい」『週刊金融財政事情』第64巻第25号

池尾和人・金子隆・鹿野嘉昭（1993）『ゼミナール現代の銀行』東洋経済新報社

池尾和人（2010）『現代の金融　新版』筑摩書房

岩井克人（2005）『会社はだれのものか』平凡社

内田浩史（2010）『金融機能と銀行業の経済分析』日本経済新聞出版社

小川一夫（2008）「貸しはがしの影響は深刻だったのか」渡辺努・植杉威一郎『検証　中小企業金融』日本経済新聞出版社

岸真清（2013）『共助社会の金融システム』文眞堂

小谷範人（2009）『シンジケートローン市場構造と市場型間接金融』渓水社

小藤康夫（2006）『金融コングロマリット化と地域金融機関』八千代出版

川口慎二・三木谷良一編（1986）『テキストブック銀行論』有斐閣

近藤光男・吉原和志・黒沼悦郎（2003）『新訂第二版　証券取引法入門』商事法務

佐野勝次・上田良光・市川千秋編著（2007）『エッセンシャル銀行論』中央経済社

鹿野嘉昭（2006）『日本の金融制度　第2版』東洋経済新報社

鹿野嘉昭（2013）『日本の金融制度　第3版』東洋経済新報社

島村高嘉・中島真志（2011）『金融読本　第28版』東洋経済新報社

鈴木安夫（2013）「中小企業M&Aの潮流」『KINZAIファイナンシャル・プラン』No.360, 金融財政事情研究会

全国銀行協会金融調査部編（2010）『図説わが国の銀行』財経詳報社

高橋克英（2007）『最強という名の地方銀行』中央経済社

多胡秀人（2007）『地域金融論』きんざい

千野忠男監修野村総合研究所著（1998）『米銀の21世紀戦略』金融財政事情研究会

友田信夫（2012）「厳しさ増す中小企業経営」『週刊金融財政事情』第63巻第44号

西口健二（2011）『金融リスク管理の現場』金融財政事情研究会

根本祐二（2006）『地域再生に金融を活かす』学芸出版社

尾藤剛（2012）「地銀が主役につく貸出市場に漂う三つの懸念」『週刊金融財政事情』第63巻第47号

堀内昭義（1998）『金融システムの未来』岩波書店

細野薫（2008）「中小企業向け融資は適切に金利設定されているか」渡辺努・植杉威一郎
　　『検証　中小企業金融』日本経済新聞出版社

マッキンゼー金融グループ（1997）『新・銀行の戦略革新』東洋経済新報社

山田能伸（2009）『地域金融－勝者の条件』金融財政事情研究会

吉田和男（2000）『銀行再編のビジョン』日本評論社

渡辺努・植杉威一郎編著（2008）『検証中小企業金融』日本経済新聞出版社

Petersen,M.A. and R.G.Rajan(1994)"The benefits of lending relationships: evidence
　　from small business data, *Journal of Finance*,vol.49.

Sharpe,S.A.（1990）"Asymmetric information, bank lending, and implicit contracts:
　　A stylized model of customer relationships," *Journal of Finance*, vol.45.

Stein,J.C.(2002) "Information production and capital allocation ： decentralized
　　versus hierarchical firms," *Journal of Finance*, vol.57.

第4章　現代の地域金融とイノベーション

はじめに

　本章では，わが国の地域金融においては，まず中小企業金融については証券化，リレーションシップ・バンキング，次に生活者金融についてはファイナンシャル・プランニング，及びコンビニエンス・バンキング，そして地域の地方公共団体への金融については公民連携といった取組が検討されていること，また地域金融機関自身については合併，グループ化などの経営統合が模索され，今，地域金融は商品，生産方法，組織等の点でイノベーションの時を迎えていることを考察してゆく。

　第二次世界大戦後において，戦後の復興期が終わり景気の低迷が予想され始めると，池田内閣の所得倍増計画を立案した下村治は楽観論を展開し，悲観論者を日本経済の欠点ばかりを言いつのる人々とし，アンデルセンの「みにくいアヒルの子」を例にあげて，日本経済が白鳥の子の特徴を備えているのにアヒルの子と勘違いしていると指摘した。そして，事実，経済成長は続き，例えば悲観論者が指摘した労働力不足の問題については，下村は労働力不足が深刻になり，大規模な省力投資が開始され，再び設備投資ブームが発生したのだと説明した[1]。

　現代において，元経済企画庁長官の堺屋太一は新しい発想と勇気を持つものには「おもしろい時代」だと述べていた。堺屋はリーマン・ショックによる不況について，「モノが下がりヒトが余り土地が空く今こそ，新しい起業の好機，新産業の成長のチャンス」と指摘した。そして，例えば高齢化については二つの側面があり，高齢労働力の増加と高齢市場の急増を指摘していた。すなわち，高齢労働力の多くは年金受給者であり，住宅ローンもなく生活コストが安くて副収入もある安価で優秀な労働力であるとする。また，高齢者の8割を占める健常な高齢者の需要は爆発的に拡大するとし，環境問題に対するグリーン・ニューディールのように，シルバー・ニューディールを考えるべきと述べていた[2]。人手不足が言われようになった現在，高齢者の就業率は上昇して就業者の1割が高齢者となり，また，若年層に比較して消費性向の高い高齢者が増えており，堺屋の指摘は適切であったと思われる。

73

その堺屋は地方分権の重要性を説く。中央集権国家は規格大量生産に適した構造であり，現代社会はそれを超えた知価社会に移行しており，身近な行政が重要であり，「ニア・イズ・ベター」の発想が重要になるという[3]。

この地方分権，地域主権のベースとなる地域について考える場合，その経済を支えるインフラとしての地域金融は重要である。伊藤元重は，わが国の新たな成長戦略で重要となる「医療，健康，サービス，環境，観光，食糧といった分野は地方にかかわる可能性が高い」と述べ，「産業構造が変化するときには金融の役割はきわめて重要」と指摘している[4]。

この地域金融をイノベーションの観点から捉えて検討するのであるが，堺屋の言う「新しい発想」はシュンペーターの言うイノベーションではないか。シュンペーターはイノベーションを支える銀行家の役割を重視したが，地域を支える銀行家，つまり地域金融機関自身についてもイノベーションが求められると思われる。

米国は 1990 年代に大きな経済成長を達成した。しかし，その前の 1980 年代には，他の先進国と比較して名目賃金の反応性の低さと協調的組合主義の弱さから実質賃金の硬直性が起こり，米国経済の悪化を引き起こしたと言われる[5]。制度のいわば「慣性」から起こる不適合の問題は小さくなく，状況の変化に対応する姿勢はいつの時代にも求められる。

本章は，こうした点を踏まえて地域経済を支える地域金融についてその状況と課題について分析し，検討する。

第1節　地域金融の定義と内容

地域金融とは 1990 年の金融制度調査会金融制度第一委員会の規定によると，「地域（国内のある限られた圏域）の住民，地元企業及び地方公共団体等に対する金融サービス」であるとされる。すなわち，「地域の住民等の種々の金融ニーズにきめ細かに対応するリーテイル中心の機能」と「地域開発プロジェクト」の機能を有するものとされている。そして，「一定の地域を主たる営業基盤として主として地域の住民，地元企業及び地方公共団体等に対して金融サービスを提供する金融機関」を「地域金融機関」としている。また，「地域と運命共同体的な関係にある金融機関」，「効率性，収益性をある程度犠牲にしても地域住民等のニーズに応ずる性格を有する機関」とも表現されている。

具体的には，地域銀行と呼ばれる地方銀行，第二地方銀行，そして信用金庫，信用組合，また，今では JA バンクと呼ばれるようになり地域の金融機関を標榜している農業協同組合などの協同組織金融機関が地域金融機関に該当するであろう。さらに，民営化

第 4 章　現代の地域金融とイノベーション

されつつある郵便局，つまり，ゆうちょ銀行も受信面，そして決済機能の点からは地域
金融機関とみられる。

　金融サービスの利用者については，先述の金融制度調査会では中小企業，生活者，そ
して地方公共団体を想定している。これを家森信善は地域金融マトリックスとして図表
4-1 のように整理している。

図表 4-1　地域金融マトリックス

	中小企業	生活者	地方自治体
地域銀行	◎	○	△
協同組織金融機関	◎	○	△
郵便局（ゆうちょ銀行）	×	◎	○

　注）◎：存在意義を示す分野
　　　○：一定の役割が期待される分野
　　　△：今後の方向が不透明な分野
　　　×：役割が期待されない分野
　（出所）家森信善（2004）『地域金融システムの危機と中小企業金融』千倉書房，17 ページ。

　これらの内，中小企業金融については，地銀，第二地銀と信用金庫，信用組合が取り
組んでおり，その競争の状況は弱いものではないと思われる。現在はメガバンクとよば
れる銀行もそれらがかつて都市銀行と呼ばれた時代，つまり 1980 年代から中小企業金
融に積極的な取り組みを見せており，この分野は地域銀行，協同組織金融機関とメガバ
ンクの 3 種類の金融機関が金融サービスを提供していることになる。

　当時の都市銀行における中小企業融資の新規取引においては，「マル保，国金，倒産
防止共済」といった表現が用いられ，信用保証協会の保証による融資，旧国民金融公庫
（現日本政策金融公庫）の斡旋融資，そして中小企業倒産防止共済制度への加入を勧め
ることが重要であるとされていた。これは都市銀行が中小企業への貸出審査の能力が低
かったことを示していると思われる。

　現代においても中小企業融資においては「貸し渋り」，そして「貸し剥がし」と言っ
た言葉が言われたこともあり，中小企業における借入の困難さは依然として解消されて
いるとは言えない。担保提供力があり，業績の優れた中小企業なら問題はないだろうが，
担保が不足し，業績が低調な中小企業にとっては金融機関からの借入は困難なことと
言っても良い。この「貸し渋り」等の表現が用いられ始めた時期は 1990 年代の後半で
あるが，当時，この金融機関の融資行動に少なからぬ影響を与えたのは金融機関の自己

75

資本比率に関する国際的な規制であるバーゼルⅠ，いわゆる BIS 規制と思われる。

そして，1999 年 4 月に公表された金融検査マニュアル（本冊）も影響したと推察される。このマニュアルによる検査を前提として金融機関は融資先の選別を厳しくし，結果としてこうした風評が立つようになったとも一般には思われている。その点を考慮して，2002 年 6 月には金融検査マニュアル別冊（中小企業融資編）が作成され，中小企業の特性を考慮して財務諸表分析のような定量分析，つまりハード情報にだけでなく，定性情報，つまり，財務諸表にあらわれないソフト情報も取り入れた中小企業融資へと金融機関を誘導する金融行政が行われている。

また，個人に対する住宅ローン，預金といった金融サービスについても地域銀行，協同組織金融機関は積極的に取り組んでいるが，預金の分野ではゆうちょ銀行が大きな存在となっている。この生活者の金融ニーズとしての借入においては，資金使途が自由なカードローンも増えているが，規模としては住宅ローンが最大のものである。しかし，民間金融機関の住宅ローン業務は旧住宅金融公庫（現住宅金融支援機構）の公的な住宅ローンのシェアを民間金融機関が侵食して拡大した面があり，人口減少時代に入り，いわゆる団塊ジュニア世代の住宅取得が一巡すればニーズの縮小が予想されるというのが有力な意見である。

一方，運用面においては「貯蓄から投資へ」のキャッチフレーズにも見られるように，投資信託という市場型間接金融商品による金融資産運用ニーズが高まりつつあると思われる。高齢化が進み人々の引退期間が長期化すれば年金と共に引退期の生活を支える資金が必要となる。このため預金ではなく，より高い収益性のある金融資産運用のニーズが増大することは確実と思われる。事実，ゆうちょ銀行は投資信託の販売に参入し，一定の成果を得ている。また，保険商品へのニーズも増大しており，2002 年に個人年金保険の銀行窓販が，そして 2007 年にはあらゆる保険商品の銀行における販売が認められた。生活者は資金の借入，運用等においてライフプランに対応した多様なニーズを有しており，こうした生活者金融のニーズに応えてゆくことが地域金融機関には求められる。

そして，地方公共団体の金融ニーズについては地域銀行が地方債の消化，そして公金の取り扱いにおいて小さくない役割を果たしている。この地方債においてはミニ公募債と呼ばれる地域のプロジェクトに対する資金ニーズに個別に対応する住民参加型の地方債が起債されるようになっている。地域のプロジェクトにおいては地域金融機関の参加が求められるようになっており，地方公共団体の取り組む事業における金融ニーズへの対応は今後も欠かせないものと考えるのが妥当と思われる。

第4章　現代の地域金融とイノベーション

　以上のように地域金融の定義と内容を見てきたが，中小企業，生活者，そして地方公共団体に対する地域金融機関の役割は重要なものであり，金融と経済の関係は密接なものがある。バーナンキは1930年代の米国の大恐慌を分析し，金融仲介費用の増大がマクロ経済の需要を減少させたと分析している[6]。つまり，金融機関経営の動向，金融仲介機能の良否が景気を左右することもあると思われ，地域金融の良否は地域経済の動向を決めるかも知れない。次節ではこれら地域金融機関の3の役割の個別の内容について詳細に論じる。

第2節　地域金融機関の3つの役割

2.1 中小企業金融

　地域金融機関の重要な役割の一つは，先述の通り，中小企業金融である。しかし，この業務のリスクは大企業金融に比べて相対的に大きく，また，リスク分散を行うとしても地域性という点から分散効果が得にくいといった問題点がある。こうした点に対処して行くには新たな発想による取組，すなわちイノベーションが必要になると推察される。従来の延長線上にある対処策ではこのような問題を乗り切ることは難しいと思われる。

　例えば地域経済との深い関わりから分散投資効果が得にくいという点については，新しい融資手法でリスクを低減するという可能性がある。その一つは，シンジケート・ローンではないかと思われる。従来，地域金融機関は大企業向けのシンジケート・ローンに投資を行う立場としての金融機関として参加することが多かった。貸出の大半を地域の中小企業に対して行っている地域金融機関としては資産の分散対象として債券投資と同様に高い信用力を持つ大企業向けの貸出債権を保有ことは経営の安定につながるからである。

　これを地域の中小企業融資に用いることが考えられる。借入企業を地域の中小企業とし，投資家を他の大手金融機関等として地域金融機関は多額の貸出債権を持たないようにする。高橋克英は，その例として青森銀行が2006年3月より三菱東京ＵＦＪ銀行と提携して中小企業向けシンジケート・ローンの定型化商品を提供し，定型化商品であるため融資交渉の時間が短縮化されて通常のシンジケート・ローンに比べて迅速な対応を可能としたことを挙げている[7]。

　また，中小企業向け貸出債権を証券化してそのリスクを分散する方法がある。CLO（collateralized loan obligation：ローン担保証券）と呼ばれ証券を発行するのは，ペーパー・カンパニーとして設立された特別目的会社であり，資産には地域金融機関から譲渡を受けた貸出債権を保有し，これを担保に機関投資家向けに証券を発行する。この証

77

券化の手法はサブプライム・ローン問題で一般的にも有名になった手法である。サブプライム・ローン問題では証券化の手法に対して否定的な報道がなされることが多かった。しかし，貸出債権の証券化はリスクの分散としては効果的な金融手法であり，デリバティブに比べて平易な取組でもあると言えよう。

こうした CLO については信用金庫，信用組合での組成実績もある。まだ，金額は少額だが，地方銀行は日本政策金融公庫の証券化支援業務スキームを活用した CLO による融資を行っている。この内，シンセティック型 CLO は証券化対象債権を譲渡せず，クレジット・デフォルト・スワップ契約により当該債権のデフォルト・リスクだけを他に移転する仕組みである[8]。この方式の場合，デリバティブ取引が加わるため複雑な構成となるが，借入人である中小企業との取引関係が損なわれずに済むという大きな利点がある。

しかしながら，このようなイノベーション，特にシンセティック型 CLO のような従来にない新商品によるイノベーションが存在するにもかかわらず，中小企業金融の状況は全般として改善しているとは言えないと思われる。

中小企業への融資の問題について家森は，①中小企業貸出は大企業貸出に比べて減少している，②しかし，中小企業貸出の金利はほとんど変化していない，③中小企業金融の担い手ほど健全性の低下が著しいと分析している[9]。

貸出金利について，山田能伸も地域金融機関では，「容認されるのは多少高い金利であり，競合金融機関が提示する金利よりかなり高い水準では，たとえその金利が信用リスクを反映したものであっても，受け入れてもらうことは容易でない」[10]と述べている。

そこで，中小企業の信用面を公的に補完する信用保証協会の信用保証制度が重要となってくる。先述の通り，この信用保証協会は金融機関の中小企業融資において盛んに用いられてきた。しかし，信用保証制度については金融機関からリスクを信用保証協会に転嫁するというモラル・ハザードが起こっていることが懸念されていた。

例えばスコアリングモデルを活用したローン商品について，その保証条件についてみると，メガバンクの場合は代表者の個人保証のみが圧倒的に多く（84.0%），本来の中小零細企業向けの自動審査型の融資の姿となっている。これに対し，地方銀行・信用金庫・信用組合では信用保証協会の保証を条件としているところが多いと言う（地方銀行では49.6%、信金，信組では 71.1%）[11]。これでは地域金融機関が中小企業の信用リスクをとらず，信用保証協会に転嫁していると言われてもしかたがないだろう。

事実，図表 4-2 のように信用保証業務の財政は代位弁済が増えて厳しいものとなり，

第4章　現代の地域金融とイノベーション

2007年10月から責任共有制度が導入され，信用保証協会は原則として保証付き融資の80%しか保証しないこととなった。つまり，金融機関も20%の信用リスクを負うこととなった。

図表4-2　信用保証協会の保証債務残高、代位弁済額、及び代位弁済率（10億円，％）

年度	保証債務残高(a)	代位弁済額(b)	代位弁済率(b／a)
1990	19,478	87	0.45
1991	21,549	171	0.79
1992	23,813	302	1.27
1993	26,175	359	1.37
1994	27,474	385	1.40
1995	28,624	417	1.46
1996	29,200	422	1.45
1997	29,558	498	1.68
1998	41,991	698	1.66
1999	43,019	801	1.86
2000	41,459	1,073	2.59
2001	37,011	1,234	3.33
2002	33,188	1,260	3.80
2003	31,102	1,021	3.28
2004	29,743	827	2.78
2005	28,796	687	2.39
2006	29,266	685	2.34
2007	29,368	794	2.70
2008	33,919	1,035	3.05

（出所）全国信用保証協会連合会ホームページより作成。

　この図表4-2の代位弁済比率の推移をみると2008年の3%台の信用リスクは地域金融機関で負担できるリスクでなかったとも考えられ，中小企業金融における公的金融の重要性を再検討しなくてはならないと思われる。その後，保証債務残高，代位弁済額共に減少し，2014年度末の保証債務残高は約28兆円，2014年度の代位弁済額は約5千億円となり，代位弁済率も2%台と低下している。しかし，中小企業のリスク負担は地域金融機関だけでは困難な場合があることは変わっておらず，信用保証制度の意義は依然として大きい。

　なお，中小企業の代表者による個人保証については経営規律を保つためとは言え，過

重な負担であるとの指摘が従来からあり，2015 年に国会に提出された民法改正案においては事業のため借入金に対する個人保証は制限されることとなった。

　次に中小企業金融で極めて重要となったリレーションシップ・バンキングについて考察したい。リレーションシップ・バンキングの始まりは 2003 年 3 月に金融庁が，「リレーションシップバンキングの機能強化」というアクションプログラムを発表したことに始まる。従来から，わが国では長期的な取引関係を重視する金融取引が主流であったが，ここで言われるリレーションシップ・バンキングはそれとは異なる企業の財務諸表等のハード情報に現れないソフト情報を重視して貸出審査を行う銀行取引を指す。

　地域金融機関は地域の衰退という問題も抱えている。その一つが人口減少の問題である。東京都ですらやがて人口減少に陥るのであり，その前に地方の地域が人口減少に見舞われて地方の経済は衰退すると言われる。そのような状況においてリレーションシップ・バンキングは地域経済を活性化させるために地域金融機関の貸出を活発化させてもらいたいということが目的と思われる。そして収益力も向上させ，過去，及び将来の不良債権の処理能力が増すことも期待されていると推察される。

　このリレーションシップ・バンキングの具体的な内容は，中小企業の将来性や特性を考えた取組となっている。金融庁は 2003 年 8 月にリレーションシップ・バンキングの機能強化計画における主な特色ある取組事例を公表している。そこでは単なる貸出増強を超えて，創業・新事業支援等の機能，取引先企業に対する経営相談・支援機能の強化，早期事業再生に向けた積極的取組などが中小企業金融再生に向けた取組の観点として取り上げられている。地域経済の担い手である地域の中小企業支援に重点を置く内容となっているが，グローバル経済の進展の中，地域の中小企業が発展してゆくための金融面だけでなく，知識面からの支援は必要なことと思われる。リレーションシップ・バンキングは，地域金融機関に対して資金提供機関としてだけでなく，知識提供機能を高めた金融サービス業への変化を求めていると推察される。

　このリレーションシップ・バンキングは 2007 月 4 月には恒久的な枠組みとされ，地域金融機関が恒常的に取り組む経営課題とされた。そこでの重点項目として，取引先の支援（創業・新事業や事業再生の支援），資金供給の多様化（動産担保融資の推進など），地域経済活性化（官民連携の強化、多重債務者対策等）などが挙げられ，後述する地域経済との関連までが視野に入れられた。

　リレーションシップ・バンキングの目指すところは，企業の総合的な分析力を高め，貸出債権に対する評価を高めて地域金融機関の中小企業貸出を積極化することにあり，企業のビジネスに対する理解を高めてゆくことと思われる。それによって地域金融機関

が適切なリスクテイクを行い，リターンを得て企業の発展を誘導して欲しいということである。小藤康夫は，リレーションシップ・バンキングの本質は，「表向きは目利きといった言葉で金融機関の経営行動がまとめられているが，実際はやはり金融機関もリスクを負った経営をこれからは展開していかなければならないことを強調しているように見える」[12]と述べている。

　しかし，これは従来の手法を継続していては容易なことではない。預金取扱金融機関の融資の原則には「安全性の原則」があり，元本保証商品である預金を原資とした資金供給活動は高いリスクを取ってはならないとされている。そのため考えられたことは資産の分散，つまり，融資先の分散と担保の確保であった。このような制約の中で地域の中小企業にソフト情報を活用しつつ貸出を行うことを目指すリレーションシップ・バンキングは，一種のイノベーションと思われる。

　以上のように地域金融機関の中小企業金融には証券化の取組やリレーションシップ・バンキングの遂行が求められるようになって来たのであり，イノベーションへの流れは出来てきたと思われる。情報の非対称性の大きな中小企業金融ではこうした取組が進むことの意義は小さくない。シンセティック型 CLO のような新しい商品によるイノベーションへの取組とリレーションシップ・バンキングという，いわばハイテクとハイタッチの双方の取組が行われようとしているが，次に，こうした検討を踏まえて生活者に対する地域金融機関の金融サービスを検討する。

2.2　生活者金融

　地域金融としての1つの役目は地域の中小企業を支えてゆくことであり，それは証券化，そして重要な取組としてリレーションシップ・バンキングが担うことを考察してきた。次に地域金融の2つ目の分野として個人・生活者のための金融サービスがある。具体的には住宅ローン，消費者ローン，預金，資産運用商品，そして保険商品などである。

　地域金融機関にとって住宅ローンは長期間，安定的な利鞘が想定でき，また，貸し倒れのリスクも小さい貸出である。そのため，多くの地域金融機関が住宅ローンに取り組んでおり，住宅ローン市場はやがて成熟した市場になると予想される。図表 4-3 のように，民間金融機関の住宅ローンは十分な伸びを示しているが，それは先述の通り住宅金融公庫等の公的金融機関からのシフトであって全体としての伸びはさほどない。

図表 4-3　住宅ローンの推移（兆円，％）

	1998 年 12 月	2008 年 12 月	増減額	年間成長率（注）
公的金融機関	75.1	36	-39.1	-5.2
民間金融機関	97.5	151.7	54.2	5.6
合計	172.6	187.7	15.1	0.9

（注）単利計算で算出。

（出所）山田能伸（2009）『地域金融　勝者の条件』金融財政事情研究会，63 ページ。

　山田は，「団塊ジュニア世代による住宅取得は当面継続するとみられる。しかし，5年から 10 年後をみた場合，公的機関からの振替の減少や，人口減少の影響は徐々に出てくることが予想される。住宅ローンの成長が鈍化することは，明らかだろう」13)と指摘している。借り手にとっては恵まれた状況になることが予想されるが，地域金融機関がこの分野で将来も収益を拡大して行くことには困難が予想されると一般には思われている。新設住宅着工戸数は，2009 年度は 78 万戸と 1990 年度の 166 万戸の半分以下に減少している。2010 年では 81 万戸と増加傾向に転じたが14)，人口の動向を考えれば長期的に大幅な増加は難しい。2014 年度では 89 万戸となっているものの，大幅増加が困難なことは間違いないと思われる。

　また，消費者ローンについては資金使途を限定した教育ローン，リフォームローン，そして，近年，取組が進展している使途を限定しないフリーローンがある。地域金融機関もこうしたローンに積極的に取り組んでおり，大手消費者金融会社と提携し，その保証を得て取り組んでいるところもある。もっとも，こうした消費者ローンには多重債務者問題の発生から貸金業法も改正され，貸出金利が低く抑えられるようになっており消費者金融業者の中には経営が破たんするところも出ている。また，市場規模としても概ね 40 兆円程度で過去 20 年位推移しており，今後の成長性は乏しいと推察される。

　この消費者金融を考察する上で重要な多重債務者問題については現在の神経経済学の分野ではある種の疾病と捉える見方がある。時間選好，つまり，今の消費を我慢して将来の消費に回す，つまり貯蓄が出来ないのはある種の障害ではないかと考える。田中沙織は，脳内のセロトニンの研究を踏まえて「近年，肥満や多重債務などの社会問題と時間割引率の関係が指摘されているが，これらの社会問題を一種の疾患としてとらえ，治療することで，そうした社会問題の解決策や予防につながるかも知れない」15)と述べている。こうした研究が進展すると，多重債務者問題に新しい手法，つまりイノベーションが起こる可能性があると推察される。例えば，消費者ローンの営業行為について

投資勧誘の法規制の概念である「適合性の原則」を拡大して適用し，その知識，財産（と収入），経験，目的からの判断を神経経済学の知見を加えてローンのセールスに採り入れ，それをカウンセリング・サービスとして消費者に提供することなどである。例えば，時間割引率が高いと言われる若年層，男性，未婚者は少額借入へ勧誘する等である。

　次に金融資産運用商品についてであるが，1998 年 12 月から投資信託の銀行窓販が解禁され，いわゆる金融資産運用商品の販売への取組が地域金融機関で行われるようになった。わが国が低成長社会へと移行し，また，個人の引退期が長期化する長寿社会となったことから，個人の引退期に備えた金融資産運用ニーズは増大している。預金はゆうちょ銀行の定額貯金のように長期のものを除けば，基本的には 1 年という短期の金融商品でありそのリターンは高くはない。低成長社会となったわが国で預金だけで金融資産を運用してゆけば，引退期，つまり老後の生活において資金的に窮することも考えられなくもない。また，金融システム全体としてもオーバー・デポジットが言われる中，地域金融機関による投資信託を中心とした金融資産運用商品の取り扱いの意義は小さくない。しかし，個人の間に金融資産運用の知識が広く普及しているとは言い難く，多くの問題が残されている。

　そこで重要となるのが個人の金融行動全般へのアドバイス業務を行うファイナンシャル・プランナーである。ファイナンシャル・プランナーは，個人の資産運用，資金計画等様々な個人を取り捲く金融面で，ライフプランをベースとした包括的アプローチによる助言とその実行を各分野の専門家との連携の下に行う者である。この職種は 2002 年に国家資格として制度化されたが，これはハーバード大学ビジネススクールの「グローバル金融プロジェクト」によって提唱された「機能本位の視角」によれば，リスク管理手段の提供，つまり企業や家計などの経済主体が遭遇するさまざまなリスクを管理する手段を提供することの中の金融教育に該当する[16]。

　一般的な個人が住宅ローン，消費者ローン，金融資産運用商品といった様々な金融手法を使いこなし，自らの金融ニーズを満たしてゆくことは簡単ではない。そこで，地域金融機関がファイナンシャル・プランナーを置き，金融サービスの消費者である地域の生活者に助言を行うことは複雑化した現代の金融商品を考え，また，多重債務者問題のような生活者の金融リテラシーの点も考慮すると効果的であり，金融サービスの提供と消費を円滑化し，金融の市場機能を高める新しい金融サービスと思われる。

　この生活者金融におけるファイナンシャル・プランニングは，先述の中小企業金融におけるリレーションシップ・バンキング機能と類似した面もあると思われる。リレーションシップ・バンキングにおける「ライフサイクルに応じた取引先企業の支援強化」

を「ライフプランに応じた個人の支援強化」と置き換えてみる。すると地域の生活者の持続的発展，資産形成，資産運用，そして資産承継等の意思決定のサポート，アドバイスの重要性が理解できると思われる。

　ただ，資産家でもないごく普通の生活者へファイナンシャル・プランニングをローコストで適切に提供してゆくことは容易なことではない。そこに地域金融機関のイノベーションが求められる。つまり，シュンペーターの言う新しい生産方法である。現在ではこうしたことは難しいとされているが，例えば住宅ローン商品について見ると，1980年代の金融機関は現在のようにローコストで迅速に住宅ローン商品を供給することは出来なかった。しかし，現在では各金融機関に専門部署が設置され，それが実現出来ている。ファイナンシャル・プランニング業務についてもこうしたイノベーションの可能性はあると推察される。

　この生活者金融におけるローコストの銀行業務については，米国で行われているローコストのリテール金融業務が参考となると思われる。大手米銀の人員の規模はわが国のメガバンクの 10 倍近くあると言われる。それは賃金の低いいわゆるローコスト人材を多く活用しているからと推察される。わが国でもコンビニエンスストア，ファストフード，そしてファストファッションの企業がこうした経営を行っているが，わが国の地域金融機関もそうした経営システムを取り入れることが考えられる。従来の地域金融機関のイメージを変えて，いわばコンビニエンス・バンキングを目指すことはイノベーションの一つであると思われる。日々の生活者金融には便利さが求められている。こうした取組はシュンペーターの言う新しい生産方法への取組であろう。

　以上のように生活者への金融には中小企業金融におけるリレーションシップ・バンキングに似た点があるファイナンシャル・プランニングの提供が重要であること，また，コンビニエンス・バンキングのようなローコストで日々の生活者の金融ニーズに対応してゆくことが求められている。ここでも中小企業金融で見たようなハイテクとハイタッチの双方が求められていると思われる。次に地域金融機関の地方公共団体に対する金融サービスを考察したい。

2.3　地方公共団体金融

　地域の中小企業には貸出債権の流動化，証券化やリレーションシップ・バンキング，そして生活者にはファイナンシャル・プランニングやコンビニエンス・バンキングが重要であることを見てきたが，地域金融機関の役割としての 3 つ目は地方公共団体のための金融はどうであろうか。リレーションシップ・バンキングの中には地域経済の発展と

いう点も含まれていることから，地方公共団体への金融サービスは重要なものとされている。

　通常，地域金融機関は地方公共団体の指定金融機関となり，公金の取り扱いを行っている。指定金融機関となれば県民等が納める税金の振込指定銀行なるなどメリットが多いとされてきた。しかし，地方財政の悪化を受けて地方公共団体は借入において入札制を導入し，利率において短期プライムレートを下回る条件での借入も多いと言われる。このため，高橋は，「今まで『総合採算取引』の一環として無償提供してきた税金などの煩雑な事務処理のコストを金融機関が吸収できなくなり，指定金融機関であることの収益的意義は低下することになっている」と述べている[17]。

　しかし，地方公共団体の金融ニーズに応えることは，先述の通り，地域金融機関の重要な役割である。そのひとつが地方債の取り扱いである。地方公共団体は地方債の発行によって借り手として金融市場に参加している。林宏昭によれば，地方債の意義は年度間で発生する歳入と支出の調整（年度間調整），社会資本整備に係る経費をその償還という形で後年世代に送ることによって世代間の公平を図ること（世代間の公平），そして，国の景気安定策の補完（財政政策の補完）という3つの意義があるとされる[18]。

　このような地方債の最近の傾向としては，先述の通り，住民参加型市場公募地方債を個人の投資家を対象として発行するミニ公募債の発行も増えている。しかし，全体としてみれば，地方債は銀行引き受けにより少なくない部分が消化されている。地方債の消化は地域の金融機関が提供するサービスとしては依然として大きな意義を持つと思われる。大庫直樹は，わが国は公営の事業サービスが地方自治体に運営を任される割合が高く，「だからこそ地方債が200兆円にふくれあがっているし，GDP対比でも40％と近くと単一国家（連邦制をとらない国）のなかで群を抜いて高い存在にある」ことを指摘している[19]。こうした点から見ても地方債のファイナンス問題は小さくはない。

　次に地方公共団体にとって重要な金融ニーズとしてPFI（private finance initiative）があると思われる。これは民間資金等の活用による公共施設等の整備事業を言う。公民連携（PPP：public-private partnership）の考え方は，英国において労働党による大きな政府，保守党による小さな政府の経験を踏まえ，民に対して官との協働と言う新たな市場を提供するとともに，官にも民との調整や監視と言う新たな役割を提示したと言われる。また，米国においては，18世紀以降の有料道路の建設に始まり，現代では都市再生の分野で用いられてきた。

　わが国では1980年代の第三セクターが公民連携の最初の例と考えられる。この第三セクターについて根本祐二は，「官が完全に民間的な発想や行動を取るには至らず，民

との役割分担が不明確なまま事業が進んでしまった」[20]と述べている。そこから得た教訓は，役割分担であり，事業の失敗につながる可能性のあるリスクをどのように分担するかということであると思われる。

1999年にPFI法（民間資金等の活用による公共施設等の整備等の促進に関する法律）が制定されてわが国でもPFIの時代が到来していると言われる。PFIというと公営事業，刑務所，病院，学校等を民間企業が建設，運営することと理解されがちであろう。しかし，その目的は，官がすべてを行うことによるリスクを分割して民の建設業者，事業者，金融機関等が分担してリスク全体を小さくすることにあると言えよう。

つまり，根本は，「リスクはすべての人にとって大きさが等しいわけではない」と述べて，リスクは不得意な人にとっては大きく，得意な人にとっては小さくなるのであり，公民連携は，それぞれのリスクを負担することが得意な人を集める方式であり，そうしてリスクの総和を小さくすると指摘している[21]。こうした分業は情報の非対称性を小さくする効果があると思われる。近年の国単位の行政を地方分権，地域主権へと分割する考え方ではこの観点が用いられていると考える。

PFI，より広くPPPについて見れば，官と民の協調行動において，金融機関の役割は，①プランニングの段階で住民や企業のニーズを反映させること，②官民の役割分担のプロセスにおける助言，コーディネイト，③コーディネイトの結果としての役割分担を調整し最終的に契約化すること，④資金供給，そして⑤実施の監視役である。このような役割を果たせるかどうかが重要であると言われる[22]。

PPPには様々なタイプがあることから地域金融機関の企画に対する理解力，プロジェクト・ファイナンスの設計力・アレンジ力が問われる。これはシュンペーターの言う新しい商品の供給であろう。

地域の発展に尽くすこうした業務に参画することは地域金融機関にとって地域における評判を高めることになる。しかし，より重要なことは地域の経済力を上昇させる効果であると推察される。地域経済といわば運命共同体のような面がある地域金融機関は，そこから不良債権問題の解決など小さくない成果を得ることができる。そうなれば地域金融機関は地元企業への融資を拡大することが出来，結果として地域経済の発展に貢献する。こうして地域経済の発展と地域金融機関の繁栄という好循環が起こることが期待される。

小藤は，金融ビジネス誌が2005年3月期決算に基づいて銀行のROA等の収益指標，自己資本比率等の健全性指標，その他合計8つの指標に基づいて行った地域銀行のランキング付のデータと各県の県内総生産を基に分析を行っている。それによると図表4-4

のように，1行当たりの県内総生産は，ランキングの総合順位と逆相関つまり，1行当たりの県内総生産が大きいほどランキングが上位となっている。

図表4-4　県内総生産，1行当たり県内総生産と各指標の相関係数

	県内総生産	1行当たり県内総生産
ランキング総合順位	-0.3873	-0.4108
ROA	0.1132	0.149
自己資本比率	0.1948	0.1884
不良債権比率	-0.2606	-0.2763

（出所）小藤康夫（2006）『金融コングロマリット化と地域金融機関』八千代出版，202ページ。

　銀行の経営内容と地域経済の関係は正の相関関係にあり，銀行の不良債権処理と県内総生産の相互作用，相互依存関係は明らかである。つまり，地域経済の活性化が地域金融機関の繁栄に繋がるのであり，いかに地域経済を発展させるかは地域の問題であると同時に地域金融機関の問題と思われる。

　以上のように地域金融機関の地方公共団体への金融サービスの提供は地域経済の発展を促すという目的を最終的に持っており，それは地域金融機関自身の発展を意味すると思われる。そのためには PPP といった新しい商品・サービスの提供が必要となる。そこで，これまでの分析を踏まえて，次節では地域金融機関の経営について検討する。

第3節　地域金融機関経営の将来

　地域金融機関は中小企業金融，生活者金融，そして地方公共団体金融という3つの分野で重要な役割を担い，新しい商品，新しい生産方法，新しい市場等のイノベーションが起こりつつある。その地域金融機関はどのような将来ビジョンを持ち，どのような変化を遂げようとしているのか検討したい。

　地域金融機関には他の地域金融機関と合併，統合を行うところも少なくない。また，地域密着型金融についても，その効果にはネガティブなものもあると言われる。岩坪加紋は，地域金融機関の従業員数と取引企業数を地域密着の取組，そしてメイン取引企業数と取引企業数の関係を地域密着の成果として数値化し，ROA，利鞘，不良債権比率を経営指標として取り上げてその相関性を分析している。岩坪はこの分析結果を得て，「現状の地域密着型金融は，規模では小規模信組で不良債権比率を低下させ，地域別では東部の信金に利ざやを厚くする傾向が見られた。しかし，その他の分類では ROA，利鞘，

不良債権比率にプラスの効果はなく，むしろマイナスの効果が散見された。（中略）地域密着型金融の効果は個別的，限定的であり，この手法は万能ではないことを理解すべきである」[23]と指摘している。また，サブプライム・ローン問題，リーマン・ショックから始まった世界的金融危機，景気後退から地域の金融機関では赤字決算が続出したが，やはりベースとなる収益力が低いため，大きなストレスがかかると，赤字決算の公算が急速に高まると言われる[24]。

　そうした中でも地銀，第二地銀という地域銀行が安定的でいられるのは，その恵まれた競争関係にあると思われる。つまり，同じ県に基盤をおく地域銀行は 2-3 行であり，これは各県の経済規模を考えると世界的観点からは恵まれている。例えば，栃木県，長野県，三重県，福島県の GDP に近いベトナムでは，金融制度のインフラ構築中にあるとはいえ 88 行（うち外資系 44 行）が営業の認可を受けている[25]。このように市場シェアにおいて恵まれた環境にあるのがわが国の地域銀行である。にもかかわらずその収益性が低いということはそのビジネスモデルに問題があることを示していると推察される。地域銀行等の地域金融機関が存続発展してゆくには的確な状況への対応が必要であるが，その中で有力な経営戦略は先に触れた地域金融機関の再編，合併，統合と思われる。

　図表 4-5 のように，地域銀行のうち地方銀行の再編はないが，第二地方銀行、協同組織金融機関の数は 1990 年代末から 10 年でかなり減少している。

図表 4-5　地域金融機関の貸出、預金、機関数の推移

	貸出（兆円）		預金（兆円）		機関数	
	1998 年 3 月	2008 年 3 月	1998 年 3 月	2008 年 3 月	1998 年 3 月	2008 年 3 月
地方銀行	138	147.6	169.1	203.9	64	64
第二地方銀行	52.5	42.7	60.7	55.6	64	44
信用金庫	70.7	63.6	105.5	113.8	401	279
信用組合	16.8	9.4	21.4	16.3	351	164

　　（出所）山田能伸（2009）『地域金融　勝者の条件』金融財政事情研究会，193 ページ。

　協同組織金融機関の減少は平成の市町村合併に伴うものとみられるが，特に信用組合で減少幅が大きいのは，1998 年と 2008 年の間に貸出が大きく減少したためであり，また，地方銀行が減少していない理由について，山田は，「貸出の増加，すなわち成長が続いているため，と考える」と述べている[26]。

第 4 章　現代の地域金融とイノベーション

　ここで注目すべきは世界的にみて成功している銀行の中には地域銀行主体で成功したところがあるということである。例えば地銀連合で成立した米国のウェルズ・ファーゴ，イタリアのインテーザ・サンパオロ，そして地銀的な色合いをもつ都市銀行の合併で創設されたスペインの BBVA（バンコ・ビルバオ・ビスカヤ・アルヘンタリア）などがある[27]。これらの金融機関は地域金融に業務の基本を置きながら，合併，持ち株会社方式によって規模を拡大して効率的な経営を実現した金融機関である。こうした再編の方式を取り入れて地域金融機関を強化しつつ地域金融の担うべき役割を遂行してゆくことが適切と思われる。欧州では地域金融機関，特に協同組織金融機関も統合によって大きな存在となっている。ドイツ，フランス，オランダ，イタリア，スペインのそれぞれの国内では株式会社形態の商業銀行に匹敵するか，それをしのぐ存在として位置づけられている[28]。

　特にオランダには欧州で有数の協同組織金融機関であるラボバンク・グループがある。ラボバンク・グループは 1990 年代より地域的な協同組織金融機関を統合して巨大な金融機関に成長したものであるが，それだけでなく，保険，リース，資産運用，不動産，モーゲージバンク，プライベートバンクなどの専門子会社を中央機関であるラボバンク・ネダーランドが保有している。EU では金融統合が進んだが，それは協同組織金融機関のコングロマリット化を促進した。これは金融サービスの情報通信化への対応ともなっており，また，リレーションシップ・バンキングの実現にもなっている。

　高屋定美は，「EU でみられる協同組織金融機関の集権化と分権化はわが国の将来の協同組織金融機関の枠組にも当てはめることができるのではないだろうか。日本ではグローバル化と金融再編がまずはメガバンクで進められている傾向がある。しかし，金融再編が進むにつれて，協同組織金融機関を含んだ地域金融機関においても県境を越えた再編は避けられない」[29]と指摘している。

　わが国の信用金庫，信用組合については，最近では，協同組織金融機関が業界全体として持続的に金融仲介機能を十分に発揮してゆくためには個別の単位組織の能力のみでは不足する面があると考えられ，連合会がそれを補完する役割が期待されるとされている[30]。地域銀行，協同組織金融機関共に地域金融において優良なサービスを提供するには，再編，統合の道は有効と思われる。この点で JA バンクの近年の動向は参考になる取組と推察される。

　複数の地域銀行が顧客中小企業を招いてのビジネス・マッチングや各種商談会を共同で開催する例も増加している。これは裏返せば，中小企業にとっても，実体的な経済圏がすでに県を越えていることを示す。山田は，「米国におけるスーパーリージョナルバ

89

ンク誕生の背景の一つが地域経済の広域化であったこと」を思い出すべきであるとしている[31]。

　大庫は，大阪府では法人数で全体の7%である府外展開企業が企業所得の65%を得ていることを指摘し，「広域化は大企業だけの特権ではないということである。地域金融機関の主要顧客である中小企業のなかでも，採算が良い取引先は実は県を越えて広域化している可能性が高い」[32]と述べている。地域経済は従来の県，市町村単位の狭い範囲ではなく，水平分業が生産手法の主流となりつつある今，広域化，更にはグローバル化が進展している。こうしたニーズに応えられない地域金融機関では地域経済の将来性に問題があるだろうし，当然，その地域金融機関の将来にも小さくない問題があると思われる。

　地域の中小企業，生活者，そして地方公共団体により適した金融サービスを提供するための組織の再編が考えられなければならないという意見への反対は多くはないと思われる。そして，その手法にはイノベーション，シュンペーターの言う新しい組織が必要と推察される。ラボ・バンクのように二重構造を取りながら，地域のニーズに合わせる方法や，インテーザ・サンパオロのように地域毎にブランドを分けて対応する方法，ウェルズ・ファーゴのように4つの銀行の合併銀行でありながらベスト・プラクティスを追求し，買収銀行，被買収銀行といった旧行意識を除去する方法など様々な手法がある。合併・統合，グループ化といった再編は困難な作業であろうが，歩まねばならないイノベーションのひとつと思われる。

　以上のように地域金融機関は，地域経済の広域化に対応した合併，再編，グループ化といった事柄，つまり経営について新しい組織作りに取り組む必要があると思われる。次にこうした考察への反論を考えてみたい。

第4節　本考察の再検討について

　これまで地域金融について考察してきたが，これらには様々な反論があるだろう。第1に，例えば中小企業のビジネス・マッチングのような業務が金融業務なのかという点である。しかし，金融業は情報産業，知識産業になることを求められている。企業の信用リスクは最終的にはその売上，業務内容に左右される。従って地域の金融機関は地域の企業を熟知することが求められる。吉岡慎一は，「金融機関は，企業との日常的な取引を通じて，企業の様々なニーズを吸い取ることができる。この中には，新たな商品開発や事業展開にかかわるニーズも含まれている」[33]と指摘している。こうした情報を適切に取り扱い，企業の発展に貢献する中で金融ニーズに応えてゆくことは地域と運命

共同体的な存在である地域金融機関にとっては新しくて重要なサービスと推察される。

第2に，生活者への金融にファイナンシャル・プランニングを挙げているが，ローコスト人材でファイナンシャル・プランニングのサービスが多くの生活者に提供できるのか，という疑問であろう。しかし，國光幸人は，住宅ローンについて適切なファイナンシャル・プランニングの知識を用いた顧客対応は，「FP 資格を有し，金融機関で働く方にとっては短期的には融資チャンスの見送りとなりますが，長期的には相談者の信頼を得ることになり，金融機関のファン作りに繋がる」と述べている[34]。地域金融機関は，マスリテールを行うメガバンクとは異なり，地域の生活者を顧客としているため，こうした観点からのサービス提供の効果は小さくないと思われる。地域金融機関の取組としては，ライフプランをベースとした包括的アプローチをその特徴とするファイナンシャル・プランニング業務は魅力的な分野である。先述の通り，住宅ローンはかつて金融機関にとっては扱いにくい商品であったが，現在では大きく変化したことは広く知られている。同様の変化がファイナンシャル・プランニング業務に起きる可能性はあると思われる。

第3に，このような議論でも地域金融機関の新しいイメージが沸いてこないという点であろう。これについては，地域金融機関は米国で見られるような職員数が 5-10 名程度のコミュニティーバンクと呼ばれるような小規模の店舗で，様々なサービスを展開するという取組が参考になると思われる。米国の銀行の支店はこうした観点から設計されているものが少なくない。「アメリカで一番便利な銀行」をキャッチフレーズに掲げるコマースバンクは，マクドナルド的な戦略で成長・拡大してきたが，同行を買収した TD バンク（トロント・ドミニオン銀行）もその戦略を継承，さらに環境配慮型店舗にすると言う[35]。欧州の銀行の支店もこうしたイメージの店舗は少なくないと思われる。こうした店舗展開の中で生活者金融を中心に行い，中小企業金融，地方公共団体金融は地域本部・地域センターにおいて行う体制で臨むといった店舗経営が地域金融機関の新しいイメージであろう。

以上のように予想される反論について考察したが，それぞれ再反論が可能である。こうした再検討も踏まえて，次に結論をまとめたい。

おわりに

地域金融において新しい商品，生産方法，市場，組織等のイノベーションが求められていることは間違いない。吉川洋は，人口減少下の日本経済の成長についてイノベー

ションを重視し、「先進国における経済成長は、労働者がシャベルやツルハシを持って工事をしていたところにブルドーザーが登場するようなものなのだ」[36]と述べている。また、プレスコットは、全要素生産性が労働の質も資本装備率も決めると主張し、国際的な経済成長の差における全要素生産性の重要性を指摘している[37]。地域金融機関はかつての規制産業時代の行動規範の上を走り続けても新しい発展・イノベーションはなく、地域経済への貢献もできないと思われる。そのような行動をとると悪循環に陥り地域金融機関も不良債権問題に苦しむこととなり、中小企業金融も悪化してゆき、生活者、そして地方公共団体も困窮する。社会的インフラとしての地域金融機関の意義は小さくなく、生活者金融においてコンビニエンス・バンキングについて指摘したが、コンビニエンスストアのわが国での社会的な意義を考えればこの表現は適切なアナロジーと思われる。

　貸出債権の流動化、証券化やリレーションシップ・バンキング、ファイナンシャル・プランニングやコンビニエンス・バンキング、そして公民連携といった新しい取組への転換は困難が多い。しかし、ハイテク、つまり高度金融技術とハイタッチ、つまり人間的な触れ合いのニーズに対応するこうした地域金融機関の取組は、今、イノベーションの時を迎えている。

　宇沢弘文は、「国家の統治機構の一部として官僚的に管理されたり、また利潤追求の対象として市場的な条件によってのみ左右されない」[38]金融制度の重要性を指摘している。地域貢献を使命のひとつとする良質な地域金融機関の存在は、良質な地域社会の形成につながる。

　地域経済は否応なくグローバルな地域間競争に晒されるのであり、地域の中小企業にもグローバル化が求められる。そして柔軟にグローバル化に対応する地域の中小企業の変化に対応する地域金融が必要とされる。

　地域金融に起こりつつあるイノベーションの具体的手法、そして地域主権、グローバル化経済に対応できる地域金融について更なる研究が行われることを期待したい。

注)

1) 竹内宏（2008）『エコノミストたちの栄光と挫折　路地裏の経済学　最終章』東洋経済新報社、83-84 ページ。

2) 堺屋太一（2009）『凄い時代　勝負は二〇一一年』講談社、330－333 ページ。

3) 堺屋、前掲書、298-307 ページ。

4) 伊藤元重「産業構造をシフトし、外に向かって開いていくことが日本経済復活のカギ」『Journal of Financial Planning』Vol.13 No.132 日本ファイナンシャル・プランナーズ協会、9 ページ。

5) Bruno,M. and Sachs,J.D.(1985)*Economics of Worldwide Stagflation*, Harvard University Press,p.241.

6) Bernanke, Ben S.(1983)"Nonmonetary Effects of the Financial Crisis in the Propagation of the Great Depression", *The American Economic Review*,Vol.73,No.3,p.268.

7) 高橋克英（2007）『最強という名の地方銀行』中央経済社，45 ページ。

8) 高橋，前掲書，48 ページ。

9) 家森信善（2004）『地域金融システムの危機と中小企業金融』千倉書房，64 ページ。

10) 山田能伸（2009）『地域金融　勝者の条件』金融財政事情研究会，61 ページ。

11) 多胡秀人（2007）『地域金融論』きんざい，160 ページ。

12) 小藤康夫（2006）『金融コングロマリット化と地域金融機関』八千代出版，95 ページ。

13) 山田，前掲書，65 ページ。

14) 『日本経済新聞』2011 年 2 月 11 日 13 版，4 面。

15) 田中沙織（2009）「やさしい経済学　神経経済学で脳に迫る」2009 年 6 月 19 日付日本経済新聞朝刊。

16) 黒田晃生編（2008）『金融システム論の新展開』金融財政事情研究会，10 ページ。

17) 高橋，前掲書，211 ページ。

18) 岩佐代市編著（2009）『地域金融システムの分析　期待される地域経済活性化への貢献』中央経済社，146 ページ。

19) 大庫直樹（2010）「『地域』を巡る三つの未解決問題」『週刊金融財政事情』第 61 巻第 1 号，29 ページ。

20) 根本祐二（2006）『地域再生に金融を活かす』学芸出版社，42 ページ。

21) 根本，前掲書，46 ページ。

22) 根本，前掲書，199-200 ページ。

23) 岩佐，前掲書，124-125 ページ。

24) 山田，前掲書，67 ページ。

25) 山田，前掲書，69 ページ。

26) 山田，前掲書，193-194 ページ。

27) 山田，前掲書，101 ページ。

28) 岩佐，前掲書，188 ページ。

29) 岩佐，前掲書，197-198 ページ。

30) 金融審議会金融分科会第二部　協同組織金融機関の在り方に関するワーキング・グループ（2009）「中間論点整理報告書」15 ページ。

31) 山田，前掲書，206 ページ。

32) 大庫，前掲書，29 ページ。

33) 吉岡慎一（2010）「地域金融機関に求められる中小企業の新事情開発支援」『週刊金融財政事情』第 61 巻 40 号，金融財政事情研究会，76 ページ。

34) 國光幸人（2010）「金融リテラシーの向上と FP の役割」『KINZAI ファイナンシャル・プラン』第 309 号，金融財政事情研究会，15 ページ。

35) 青木武（2010）「エコ店舗で戦略的なソーシャルマーケティングを展開」『週刊金融財政事情』第 61 巻第 20 号，金融財政事情研究会，30 ページ。

36) 吉川洋（2009）『いまこそ、ケインズとシュンペーターに学べ』ダイヤモンド社，208-209 ページ。

37)　Prescott, Edward C. (1998)"Needed:A Theory of Total Factor Productivity," *International Economic Review*, Vol.39, No.3, p.526.
38)　宇沢弘文（2000）『社会的共通資本』岩波書店，201ページ。

参考文献

池尾和人（1995）『金融産業への警告』東洋経済新報社

宇佐美信一（2006）「リレーションシップバンキングと地域金融機関の経営戦略」『産業経済研究』第6号，日本産業経済学会

黒田晃生（2002）『入門金融』東洋経済新報社

コベンナンツ研究会（2005）『コベナンツ・ファイナンス入門』金融財政事情研究会

鹿野嘉明（2001）『日本の金融制度』東洋経済新報社

神野直彦（2002）『地域再生の経済学』中央公論新社

中谷巌（2008）『資本主義はなぜ自壊したのか』集英社インターナショナル

野口悠紀雄（2010）『経済危機のルーツ』東洋経済新報社

日本ファイナンシャル・プランナーズ協会（2008）『FP総論』日本ファイナンシャル・プランナーズ協会

蝋山昌一編（2002）『金融システムと行政の将来ビジョン』財経詳報社

Schumpeter J.A.(1912)*Theorie der wirtschaftlichen Entwicklung*　（中山伊知郎・東畑精一訳（1951）『経済発展の理論』岩波書店）

第5章　高齢者の金融資産運用とイノベーション

はじめに

　本章では，高齢者の堅実な分散投資を用いた株式，債券によるグローバルな金融資産運用がわが国の企業のイノベーションを呼び起こし，経済を活性化することを検討したい。一般に証券投資論のテキストでは個人投資家のリスク許容度は，加齢に伴う人的資本の減少と平行して年齢と共に低下するとする。そのため，加齢と共に個人のリスク資産への投資は少なくなるべきとされている。例えば井出正介と高橋文郎は，「年齢が若い投資家の方がリスク許容度は高いと考えられる」と述べ，「高齢者はリスク許容度が低いと考えられる。特に退職者は，運用による失敗をカバーするだけの収入も基本的には期待できず，また投資期間も短いため，リスク許容度は低くなる」[1]と指摘している。

　しかし，わが国では 60 歳代以上の高齢者が株式投資信託などのリスク資産運用の少なくない部分を担っているというのが現状であろう。だが，こうした高齢者に株式投資信託等を勧誘して良いのかということも金融商品取引法の投資勧誘規制における原則のひとつである「適合性の原則」から問題とされる。この考え方が正しいのであれば現状は是正されなければならない。現在の高齢者によるリスク資産運用は認められるべきか，それとも是正されるべき事なのであろうか。

　また，わが国の公的債務は GDP を大きく上回る額となり財政再建がわが国の課題となっている。しかし，一部の研究者は財政再建を急ぐ必要はないと主張している[2]。増税政策を実行に移す前に経済を成長路線に移行させ，既存の税制での税収を増加させた後に消費税の増税を考えるべきとも言われている。確かに経済成長が十分であれば消費税の大幅な増税といった状況は回避できる可能性もあるため，成長戦略は大きな課題である。

　この成長戦略について言えば，知識産業化，医療・福祉分野の充実，環境問題への取組，インフラ輸出，いわゆるアジア内需の取りこみなどといった産業政策的な観点から論じられる場合が多い。しかし，1993 年の世界銀行の「東アジアの奇跡」と題するレポートは，「政府介入については部分的・過渡的にそれも『市場に友好的』に機能する

95

ことを必須とした」[3]のである。つまり，わが国で論じられている産業政策は東アジアの経済成長にはさほど機能していなかったというのが世界銀行のレポートの趣旨と言われる。高度成長時代を作りだしたと一般に信じられているわが国の産業政策もさほどの効果はなく，市場メカニズムの効果の方が成功の要因としては大きかったとしている。

そこで，近年の状況への対応を考えるにあたり個別の産業政策を考えるのではなく，マクロの経済と金融システムの観点を重視してはどうか。個々の産業の動向を考えるだけでなく，そうしたミクロの情勢については市場メカニズムを活用して構造調整が行われると考え，その市場機能を促進するような観点を持つことが妥当と思われる。

具体的には市場メカニズムにおける需要サイドと供給サイドを共に重んじる考え方，すなわちケインズ的な考え方とシュンペーター的な考え方を併用するアプローチを用い，そして，高齢化の進むわが国の金融システムのあり方を考えることが適当ではないかと思われる。

つまり，高齢者にその金融資産で分散投資によるグローバルな運用を行ってもらい，彼らの財産所得を高めてそれにより個人消費を喚起して需要を拡大し，一方で新たな需要を創出する供給サイドのイノベーションを目指す企業を資本面・金融面から支援してゆくことを検討したい。

本章は，まず高齢者の金融資産運用の問題を考察する。その後，その高齢者の金融資産運用を活かして個人消費という内需を増やし，同時に企業のイノベーションを促す事について検討してゆく。そして，高齢者のリスク資産運用を促す政策について検討し，高齢化社会に望ましい金融システムのあり方を考えてゆく。

第1節　個人の金融資産運用について

1.1　金融資産運用の目的と支出時期

まず初めに，個人の金融資産運用の在り方について検討し，高齢者はリスク資産での運用は向かず，年齢が若い程リスク資産運用に向いているといわれる点を考察してゆく。一般にファイナンシャル・プランニングでは個人の金融資産運用の目的として，人生3大資金としての①住宅資金，②教育資金，③老後資金を想定している。これに結婚資金を加えることも多いが，親からの援助を含めると挙式関連については本人の負担は少ないと思われ，家具等の購入を除けば負担は少ないとされる[4]。結婚資金は本人の資金というより，子どもへの贈与資金として親が準備する性質が強いと言えるかもしれない。実際，2015年度から結婚・子育て資金についての親等からの贈与についての非課税制度が開始されている。

第5章　高齢者の金融資産運用とイノベーション

　この人生3大資金の内，①の住宅資金は，概ね40歳代に行われることが多いとされる住宅購入における住宅価格の約20%程度を目標に行われていると言われる。

　次に②の教育資金は子供の学費のための資金であるが，その支出のピークは子供が大学に進学する時期となる。近年，大学進学率は約56%程度で推移しており，過半数の世帯での支出が見込まれる。また，専門学校への進学も少なくない。そのため親の年齢としては40歳代後半から小さくない支出が始まることになり，それに備えた資金準備計画が必要となる。

　そして，③の老後資金は60歳代の退職時から公的年金と企業年金を補うものとして考えられている。現在では2004年の改正高齢者雇用安定法により65歳までの定年延長等の雇用確保の措置がとられていることから，本章では65歳での引退を想定する。つまり，本章で採り上げる65歳とは勤労所得を失う退職時という意味で用いる。

　以上のように個人の金銭の支出時期にはある程度年齢に応じたパターンがある。こうした金銭の支出時期に対応して個人がどのように得た所得を貯蓄し，運用してゆくかを検討して行きたい。それにはまず，金融資産運用の基本的な考え方を検討する必要がある。

1.2　金融資産運用の基本的枠組み

　個人が将来の生活，人生3大資金のために金銭を貯蓄・運用する場合，重要なことは安定的な運用であることと思われる。人は将来の生活を支える資金にはやはり安定的な金融資産運用を期待するであろう。

　この安定的な金融資産運用の枠組としては，シャープが提唱した枠組みに基づく，①市場の実情，②投資家の実情，そしてこれら双方を踏まえた③ポートフォリオ運用というフレームワークを取ることとする。シャープは，アセット・アロケーションの情報フロー・チャートとして，資本市場に関わる情報，投資家に関わる情報，そしてアセット・ミックスに関わる情報の流れを提示し，最適なアセット・ミックスは資本市場に関する情報と投資家のリスク態度の双方がインプットされて決定されることを示した[5]。

　この内，①の「市場の実情」については効率的均衡状態にあると想定し，年齢に関係ないものとする。この想定は現実の市場の実情とは異なる。旧東洋信託銀行（現三菱ＵＦＪ信託銀行）投資企画部は，「市場の基調となる性質は平均回帰だと考えられている。計量的な分析によれば，株価や為替など多くの資産価格の系列相関は負の値をとる。ただし，これは観測期間により異なり，短期的にはトレンドで，長期的には平均回帰するという研究結果が多く発表されている」と指摘している[6]。市場ではバブルとその崩壊

97

が起こり，均衡からは乖離し，それへの回帰を繰り返しているわけだが，しかし，ここでは長期的な個人の資産運用について検討するために市場の短期的な変動は考慮せず，長期的なスパンで見て均衡した状態にあると仮定する。

　また，②の「投資家の実情」の収入面としては，人的資本は年齢と共に低下すると考えられるためにリスク許容度は年齢と共に徐々に低下すると仮定しておく。これは，先述の通り，一般的な考え方であると思われる。但し，実際にはわが国では成果主義の賃金制度の導入が言われる現在でも年功序列賃金制度が広く行われていることから，年齢と共に給与水準はＳ字カーブを描いて上昇する給与所得者が大半である。こうした給与体系が多いために男性の勤労者では50歳代前半に収入のピークがくる[7]。

　しかし，この「投資家の実情」の支出面については，先述の3大資金の支出時期と金額を詳細にみてゆく必要があると思われる。一般に中年期は住宅ローンと教育費の負担が大きく家計の運営が厳しいと言われる。

　そして，③の「ポートフォリオ運用」としては，債券，株式等のリスク資産と銀行預金等の安全資産がある場合を想定する。わが国の家計の金融資産の約52％は現金・預金で運用されているが，その大半は定期預金と思われる。債券，株式，投資信託での運用は約18％と少なく，この点で米国の債券，株式，投資信託での運用が約52％となっている点と異なる。日本の家計は安全性を尊重する運用を行っている[8]。

　以上のようにシャープの提唱する枠組みをベースとしたが，これは金融資産運用の標準的なフレームワークである。次にこれを具体的に検討してゆきたい。

1.3　リスク資産について

　金融資産運用を検討する場合，安全資産とリスク資産という捉え方が一般的に行われる。このリスク資産については，債券，株式等のリスク資産ポートフォリオとして現代ポートフォリオ理論で言われる市場ポートフォリオの代替としてバランスファンドタイプの投資信託を想定する。内外の債券，株式に分散投資を行う世界分散型のバランスファンドは，いわゆる効率的フロンティアと資本市場線が接する点である市場ポートフォリオではないが，それに近いと言えるだろう。

　バランスファンドにはこの世界分散型のタイプと後述するホームカントリー・バイアス型があるが，ここでは市場ポートフォリオの代替としての世界分散型のタイプを想定して検討を進める。

　このリスク資産ポートフォリオのリスクとリターンは，リスクは年率標準偏差10％，リターンは年率5％と想定する。リスクを標準偏差10％とする点は現存する内外の債券，

98

株式4資産に投資を行うバランスファンドの標準偏差の概算であることから仮定として用いる。

リターンについては日本株投資を7%，海外株式投資を8%，日本債券を5%，海外債券を6%とし，リスク資産ポートフォリオのリターンは5-6%程度と仮定する。この値の算出にはビルディング・ブロック法を用いた。その内容は，日本及び投資対象の主要国の実質GDP成長率を2－3%，インフレ率1%，債券投資リスクプレミアム2%，株式投資リスクプレミアム4%とした。また，為替についてリスクプレミアムは長期的な金融資産運用を考えることからゼロとして推計した[9]。なお，日本銀行のインフレ目標が達成された場合はインフレ率は2%とすることとなる。

債券，株式の投資割合は，その時々によって市場ポートフォリオが変動するように変動するわけであるが概ね5対5と仮定する。その結果，リスク資産ポートフォリオのリターンは6-7%となる。しかし，そこから更に運用手段としての投資信託のコスト（運用管理費用[信託報酬]・販売手数料）と税金を合計2%程度と考え，これを控除すると上述の通り5-6%程度となる。

要するにリスク資産としてはリスクがマイルドでリターンが比較的高い世界分散型のバランスファンドを想定したわけである。個人の資産運用は一部に投機的な目的があるものの基本的には安定志向であることを考えれば，個別の株式投資のような大きなリスクの資産を想定しない方が適切である。次にこのリスク資産ポートフォリオをどのように安全資産と組み合わせるかについて検討する。

1.4　2資産ポートフォリオについて

リスク資産としては世界分散型のバランスファンドを想定したわけだが，そのバランスファンドで代替されるリスク資産を用いて運用する手法としては，安全資産としての銀行預金との2資産のポートフォリオを考えることとする。家計全体で見れば，先述の通り，個人の金融資産運用の約5割は預金によって運用されている。銀行預金と債券，株式を組み合わせたポートフォリオはわが国の家計の資産運用の実情にあったものと言えると思われる。

この世界分散型のバランスファンドと言うリスク資産と銀行預金という安全資産とによる2資産ポートフォリオは資本市場線上にあるポートフォリオに近いものであろう。少なくとも年齢と資産運用の関係を検討するには，このような2資産ポートフォリオで不足はなく，推計を簡便化するために有益であると思われる。

この2資産ポートフォリオは，次の3つのタイプを想定する。

①リスクを大きくとるポートフォリオ：銀行預金25％＋リスク資産ポートフォリオ75％
②リスクを適度にとるポートフォリオ：銀行預金50％＋リスク資産ポートフォリオ50％
③リスクを小さくとるポートフォリオ：銀行預金75％＋リスク資産ポートフォリオ25％

　この配分の変化が直線的であるのは，銀行預金という安全資産とバランスファンドで代替される市場ポートフォリオを結ぶ資本市場線の上を移動していると考えるからである。
　なお，それぞれポートフォリオの標準偏差は，前述の仮定から①7.5％，②5％，③2.5％となる。銀行預金の割合の水準については，①の場合は米国の家計の金融資産運用における現金・預金の割合である約13％を上回り，この水準であっても米国よりは銀行預金の割合が多いということになる。②の場合の銀行預金の割合は，マクロで見たわが国の銀行預金の割合を考えれば成り立ちうるケースである。そして，③の場合は一般人の意識として多く行われている運用のタイプだと思われる。
　こうして3つのタイプの2資産ポートフォリオを想定した。次にこれらのタイプのポートフォリオを用いて，人々の年齢，そして運用目的に応じた運用内容を検討する。

1.5　年齢別の運用目的

　先述の通り，金融資産運用の内容としては3つの運用タイプを想定したが，次に個人の生活において重要となる住宅資金，教育資金，そして老後資金の3つの資金ニーズに対して金融資産運用を行ってゆくことを検討してゆく。
　3つの資金ニーズに対応する資産配分は概ね次のようなものとなると思われる。まず，年齢としては，①30歳，②45歳，③60歳，④65歳，そして⑤75歳を基本として考える。①の30歳は結婚当初の年少の子供がいる年齢，②の45歳は住宅を取得する年齢，③の60歳は教育資金が終了した年齢，④は先述の通り退職期，⑦は引退期を典型的なライフイベントとして経験する年齢として，ひとつのモデルとして考えた。
　次にそれぞれの年齢についての資金ニーズに対する目的別の配分を想定することとする。

①30歳の配分：3つの資金ニーズに対して準備を行う年齢
　　住宅資金　40％，教育資金　50％，老後資金　10％

この配分において教育資金が住宅資金より大きいと仮定する理由は，教育資金は子供の年齢で支出時期が決定するため裁量性が低く，これを優先したからである。そして住宅資金は本人が支出時期をコントロールできるため，いわば後回しになると考えることができるからである。

②45歳の配分：住宅ローンを借り入れる年齢と考え，住宅ローンの頭金についての資金ニーズがなくなり，住宅ローンを返済しつつ，教育資金と老後資金の準備を行う年齢
　　教育資金　80%，老後資金　20%

この配分の理由は，教育資金は第1子，第2子ともに大学等への進学のための支出時期が迫っているか，支出中と考える。仮に私立の中学，高校へ通わせていれば，1人当たり年間1百万円を支出している時期であり，老後の資金準備は少額となると思われる。
　なお，住宅資金については貯蓄ではなく，住宅ローンの返済として負担は継続している。

③60歳の配分：退職5年前であり，教育資金が終了した年齢
　　老後資金　100%

この年齢は55歳前後になることも多いと思われる。先述の通り，年功序列賃金が浸透しているわが国では，教育資金の支出を終えた後は貯蓄を行い易い年齢と考えられている。

④65歳の配分：退職時期となるが，40歳代に購入した住宅の修繕資金または改築資金の準備も行う年齢
　　住宅資金：30%，老後資金：70%

老後資金が住宅資金より多くなるのは，住宅の修繕，改築資金の額は老後の資金，公的年金，企業年金の不足分を補う資金よりは少額と考えることによる。なお，住宅ローンは，退職金により残債を返済するものとする。

⑤75歳の配分：住宅資金の手当ても終わり，老後資金の準備のみとなる年齢

老後資金：100％

　このようにして人生３大資金ニーズに対して，個人がどのような資産運用を行ってゆくかが想定できた。次にそれぞれの運用目的に応じて２資産ポートフォリオがどのように変化するかを検討してゆく。

1.6 金融資産運用の内容の加齢に伴う変化

　目的に応じた金融資産運用は年齢に応じてその運用目的毎の配分が変わるが，それらも支出の時期が近づくに従って安全資産の割合を増加させることが妥当と思われる。これはいわゆるターゲットイヤー運用として確定拠出年金商品で用いられている運用手法である。具体的にはリスクを多くとる２資産ポートフォリオから，リスクを少なくとる２資産ポートフォリオへの移行を行うことになると思われる。こうした点を検討してゆく。

　リスク資産の運用において，株式投資や海外資産への投資の際にある為替要因による価格変動は大きい。従って資金の支出時期までリスク資産で運用を行っていると，支出の直前において大幅な資産価格の下落もある。そうしたことによる資産の減少をさけるために用いる投資戦略がターゲットイヤー運用であり，これは個人の金融資産運用の戦略として妥当と思われる。ただ，これを人的資本の考え方と組み合わせ，単純素朴に退職年齢に合わせて運用してゆくことには問題があるとして，その支出面を勘案しつつ，本章で検討している。

　この考え方に従い，支出時期の５年前にはリスク資産ポートフォリオによる運用は極力減少させ，全額を銀行預金で運用することが望ましいと思われる。なぜなら，元本割れの可能性を１標準偏差で測った場合の期間は連続時間複利を用いて計算すると，次の式の x （年）となる。左辺は投資収益の累積であり，右辺はリスクの累積である。用いた収益率と標準偏差は連続時間複利ではないが，ここでは近似値として用いる。

$$5\%（年間収益率）\times x = 10\%（年間標準偏差）\times \sqrt{x}$$

$$x = 4（年）$$

　このように運用期間が４年になると累積収益率と累積標準偏差が一致する。つまり，４年を経過して初めて確率約84％（マイナス１標準偏差）で元本割れは回避でき，いわ

第5章　高齢者の金融資産運用とイノベーション

ゆる「十中八九」の可能性で元本を確保できると言え，プラスに転じるのは5年目となる。この考え方から5年という期間を考えた。

次にリスクの度合いを変化させてゆく場合，例えば老後資金について考えると次のような推移が考えられると思われる。

①30歳　全額リスク資産ポートフォリオ
②45歳　定期預金25％＋リスク資産ポートフォリオ75％
③60歳　定期預金50％＋リスク資産ポートフォリオ50％
④75歳　定期預金75％＋リスク資産ポートフォリオ25％

老後資金となると支出の時期は引退期に入ってからとなる。そのため長期投資が可能となり，年齢的に若い時代はリスク資産が多く，引退期に入るとリスク資産は少なくなる運用がリスク許容度の観点からは望ましいだろう。

以上のように老後資金，つまり支出時期が高齢期，引退期となる資金について，大まかな2資産ポートフォリオの推移を仮定した。次にこれを他の目的の資産運用についても考えてみたい。

1.7　年齢別ポートフォリオの推移

前項では老後資金の2資産ポートフォリオの推移を考えてみたが，まず，30歳における資産運用の目的と2資産ポートフォリオの組み合わせを想定すると図表5-1のような配分が妥当と思われる。

図表5-1　30歳の資産配分

	目的別配分（％）	リスク資産ポートフォリオの割合（％）	定期預金の割合（％）
住宅資金	40	30	10
教育資金	50	25	25
老後資金	10	10	0
合計	100	65	35

この目的別配分は金融広報中央委員会の調査における20歳代，30歳代の貯蓄目的の順位と整合的であり，30歳時点の想定としては問題が少ないと思われる[10]。この年齢では教育資金への対応が第1であり，次が住宅資金，そして老後資金は30歳の時点で

103

はそれらに劣ると推察される。リスク資産ポートフォリオと定期預金の割合は，資金の支出時期から先述の4つのタイプの中から選んだ。

　30歳のケース同様に，住宅資金，教育資金，老後資金のそれぞれについてターゲットイヤー運用に準じてリスク資産の割合を加齢に応じて変化させてゆくと，年齢別のリスク資産ポートフォリオと銀行預金の割合は次の図表5-2のようになる。

図表5-2　年齢別の資産配分

	資金の目的	目的別配分（％）	リスク資産ポートフォリオの割合（％）	銀行預金の割合（％）
40歳	住宅資金	40	10	30
	教育資金	50	12.5	37.5
	老後資金	10	10	0
	合計	100	32.5	67.5
45歳	住宅資金	0	0	0
	教育資金	80	20	60
	老後資金	20	15	5
	合計	100	15	85
60歳	住宅資金	0	0	0
	教育資金	20	0	20
	老後資金	80	40	40
	合計	100	40	60
65歳	住宅資金	30	7.5	22.5
	教育資金	0	0	0
	老後資金	70	35	35
	合計	100	42.5	57.5
75歳	住宅資金	0	0	0
	教育資金	0	0	0
	老後資金	100	25	75
	合計	100	25	75

注）40歳で運用内容を変化させている理由は，先述の通り45歳で住宅を購入すると仮定し，住宅資金の銀行預金配分を75％に上昇させたためである。また，教育資金も支出時期が近いため銀行預金の割合を高め，45歳では全額銀行預金としている。

　図表5-1と図表5-2の試算を基にリスク資産ポートフォリオの割合の変化をグラフとすると図表5-3のようになる（図表5-2にない年齢は比例按分により算出）。

図表 5-3　リスク資産の割合の年齢による推移

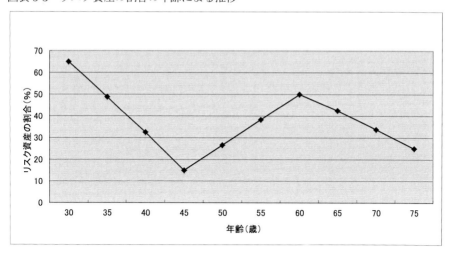

　つまり，30歳から75歳までのトレンドとしては長期的にはリスク資産の運用割合は低下するが，45歳まで低下した後，60歳まで増加してから再び加齢と共に減少することになる。

　以上検討してきたようにリスク資産による資産運用は若い時代から高齢者に向かうに従って割合が低下するのではなく，中年期に一度低下して引退期前に再び高まった後，年齢に応じて低下する。これは英国の貧困について研究を行ったロウントリーの貧困曲線によって示された生活の波と概ね合致する。ロウントリーは，子どもの扶養負担がある時期に人々は貧困に陥り，子どもが独立した後に豊かになり，年老いて労働力の提供が出来なくなると再び貧困化することを指摘した。こうした支出面，消費面を考慮した仮定による検討について，実際の人々の意識はどのようなのか次に検討したい。

1.8　高齢者の資産運用の意識

　理論的には図表 5-1 のように30歳から35歳と並んで60歳がリスク資産運用の割合が高い年代となる。しかし，実際に人々の意識はどのようになっているかについて考察したい。

　図表 5-4 のように328名の消費者へのアンケート調査によると，50歳代，60歳代が株式投資，株式投資信託を運用するのに適した年齢であるとする回答の割合が合計で約54%と過半数となった。消費者は，意識の上で50歳代から60歳代をリスク資産運用に

適している年齢と考えている。

図表 5-4　株式・株式投資信託が運用できると考える年齢

年齢	20 歳代	30 歳代	40 歳代	50 歳代	60 歳代	70 歳代	合計
割合（%）	7.9	17.7	17.2	27.4	26.5	3.3	100

(出所) 長野県中信・諏訪地方消費の会連絡会 (2010)「金融機関の利用実態アンケート調査」より作成。

　このアンケート調査では 30 歳代の資産運用においてリスク資産での運用ができると考える人々の割合が小さい。これは保有している金融資産の絶対額が小さいためにリスク資産運用の意欲が高まらないものと推察できる。

　しかし，保有資産が多いとは言え，勤労所得が期待できない高齢者を資本市場に招き入れて良いのか，という問題がある。田村耕一は，60 歳以上の高齢者の貯蓄が多いことについて，「日本は，60 歳以上の高齢者による金融資産保有率が米国に比べ，圧倒的に高いとわかります。米国では高齢になると貯蓄をやめてそれまで貯めた金融資産を取り崩していくのに対し，日本では，高齢になっても，まだまだ老後の心配から抜けきれず，貯蓄に対する意欲が衰えない」[11]と述べている。

　しかし，図表 5-4 の通り，子育てを終えて金銭的にも精神的にもゆとりのある年齢と言える 50 歳代，60 歳代の年齢層のリスク資産による資産運用の意欲は小さくない。日本経済調査協議会の調査報告においても「個人として資金移動を裁量できる金融資産の保有層は高齢者世帯であり，団塊世代の退職後は一層その傾向は強まろう」[12]とされている。

　また，平成 20 年の経済財政白書においても，「日本では高年齢になるほどリスク資産投資をしているといわれる。これらについてのデータをみると，確かに，年齢が高くなるにつれてリスク資産投資割合は高くなり，60 歳代がピークとなっている」[13]とされている。

　そして，伊藤伸二は家計調査のデータを用いてリスク回避度を推計し，「実際には，40-49 歳，50-59 歳の層の方が 60 歳以上の層よりも相対的リスク回避度が高く，資産形成期においてリスク選好度が高まっていない」[14]と指摘している。

　実際，図表 5-5 のように金融広報中央委員会の調査では保有金融資産に占める有価証券の割合は 60 歳代，70 歳代以上が高い割合を示している。年金制度が整備された現代では，ロウントリーがかつて指摘した高齢期の貧困化は改善されており，こうした現象が起きると推察される。

第5章　高齢者の金融資産運用とイノベーション

図表5-5　年齢別の金融資産に占める価証券の割合

年代	20代	30代	40代	50代	60代	70代以上
保有金融資産に占める有価証券の割合（％）	2.3	12.1	11.9	12.8	16.4	23.7

（出所）金融広報中央委員会（2014）『平成26年度版暮らしと金融なんでもデータ』23ページ。

　日本株式に投資する投資信託のリスク（標準偏差）はグローバル分散投資の場合の2倍程度はあると思われることから，先述のアンケート調査が示す高齢者の心理的リスク許容度が事実であれば，グローバル分散投資の投資信託，つまり世界分散型のバランスファンドへの運用への抵抗感を持つ50歳代，60歳代は少ないと思われる。

　また，この調査で分散投資についての認知度は，「よく知っている」と「ある程度知っている」と答えた者の合計は全体の25％であった。こうした分散投資の知識の普及度合いを考えると，適切な投資教育が行われればグローバル分散投資は可能と思われる。

　先述の平成20年版経済財政白書では，年齢層が高くなるにつれてリスク資産投資割合が増える理由は，①保有金融資産が多い，②金融リテラシーは50歳代が最も高い，③住宅ローンの負担が減少する，という3点が理由であるとしている[15]。

　この分析からは，やはり40歳代の中年期は住宅ローンの負担からリスク許容度が低下しているためにリスク資産運用が出来ないことになる。

　なお，図表5-4では70歳代に入ると株式等の運用への意欲は大きく低下する。しかし，50歳代，60歳代でグローバルな分散投資に成功した人々が現れれば，つまり，これら団塊の世代を中心とする人達が70歳代に到達する頃にはこの世代でもいわゆる履歴効果から変化が起こる可能性を否定できない。実際，図表5-5の通り，70歳以上の人々も有価証券投資に少なからず取り組んでいる。

　ともかく，50歳代，60歳代が株式，株式投資信託の運用に適していると考える割合は他の年齢層と比較して突出している。そして，現時点で言えば団塊の世代がこの60歳代の年齢層の後半に位置している。

　以上のように，高齢者のリスク資産による金融資産運用は心理的にも受け入れられており，また，実際の有価証券の保有状況からみても広く行われていると思われる。中年期にリスク資産運用の割合が低下することも統計と一致している。次にこれらの事を整理したい。

107

1.9 　個人の金融資産運用と年齢について

　これまで検討してきたように金融資産運用と年齢の間には支出による制約を考えると高齢期になるほどリスク資産運用が困難になるのではなく，教育と住宅への支出が家計を圧迫する中年期にリスク資産運用が低下した後，高齢期に向かってリスク資産運用が容易になる。

　そして，引退期に入った後も中年期と比較すればリスク資産運用は容易であると思われる。人的資本の観点からはリスク許容度は年齢と伴に低下するが，支出の観点を取り入れて包括的に考えるとリスク許容度の推移は年齢と伴に低下するとは言えない。教育費の負担から解放されて，年功序列賃金の恩恵を受ける 50 歳代に資金的にゆとりが出来，また，引退期に向けてリスク資産による金融資産運用に前向きになることは理解できよう。

　それゆえ，加齢と共にリスク資産運用に対する適合性が小さくなるという考えは，一部修正する必要があり，高齢者でも比較的年齢が高くない層は中年期よりリスク資産運用に適していると思われる。

　こうして見ると，株式，債券への投資を活発化させてわが国の資本市場の発展を図るには，こうした高年齢者へのリスク資産運用の投資啓発・投資教育，すなわち知識の面での適合性を引き上げてゆくことが政策的な課題の一つとなると思われる。次にこうした株式，債券による金融資産運用を活用してわが国の課題となっている経済の活性化について検討してゆきたい。ミクロの投資行動がマクロの経済にどのような影響を持つか，そして望ましい金融システムについて考察する。

第 2 節　金融資産運用とイノベーション

2.1 　財産所得による所得増加

　個人の金融資産運用において 60 歳代を中心にリスク資産での運用が適しているとすれば，その金融資産運用を活かして少子高齢化が進むわが国の経済的な問題を解決するために適した経済システム，特に金融システムは何かということを検討したい。高齢化が進むということは引退期にある国民が増加するということであり，勤労期と引退期とを繋ぐ金融システムが重要となることは間違いない。その金融システムがわが国の経済を活性化させてゆくか否かがわが国の課題となるだろう。

　日本銀行の量的・質的金融緩和に加えて原油価格の下落もあり，企業収益は急激に改善したものの，現在のわが国の経済は需要の不足に直面していると思われる。それへの当面の対策としてアベノミクスの一つとして財政政策による需要創出のための投資が

第 5 章　高齢者の金融資産運用とイノベーション

行われているが，これを継続的に行うことはわが国の財政の状況では難しいであろう。そこで個人の金融資産運用で財産所得を増やし，そこから個人消費を喚起することを考えてはどうか。

　先述の通り現在の個人の金融資産運用は現預金で大半が運用されており，そこから得られる運用益，財産所得は小さい。そこで内外の株式，債券への投資，リスク資産ポートフォリオでの運用を個人に行ってもらい，財産所得を増やし，そこから個人消費を増やすことが可能ではないかと思われる。

　野口悠紀雄は，近年のわが国の AD 曲線は直立していると言い，そのためにデフレによる物価下落が大きいと指摘していた[16]。実際，企業は投資を控えており，2010 年 9 月末のわが国の企業が保有する現預金は 206 兆円であり，設備投資への動きがあるものの過去最高水準であった[17]。そして，2015 年 3 月末では，241 兆円で過去最高となっており，この傾向に変わりはない。

　そこで考えられることは，AD 曲線を右下がりに傾け，右にシフトさせるために IS 曲線を右下がりに傾け，右にシフトさせることである。この内，IS 曲線の右シフトを高齢者の消費支出で行うのであり，いわゆるシニアマーケットの活性化である。そして，その高齢者にリスク資産運用から所得を得てもらい，消費の裏づけの所得としてもらうのである。

　また，わが国は債権大国，金融資産大国である。その金融資産の在り方，運用のされ方に大きな関心が払われても良い。わが国の対外債権の内容を個人，特に高齢者の証券投資とし，所得収支を改善させて個人所得を増大させたい。少子高齢化のわが国で個人消費の増大は高齢者の支出増大による面が小さくないのであり，若年層の支出と共に，過去の所得の蓄積を持ち，年金制度で支えられている高齢者の消費は期待できよう。これは同時に，2014 年度に約 19 兆円となり過去最高となった所得収支（第 1 次所得収支）を増大させてグローバルな金融資産運用によって世界の経済成長の成果を取りこみ，それを国内の消費に転換することでもある。

　かつて，蝋山昌一は，「家計部門の金融資産運用の成果は金融機関とは格段に劣ったものであった」[18]と述べて，グローバル運用を行う投資信託の未来に期待した。こうした観点を再認識してはどうか。蝋山が投資信託に期待した理由は，個別の株式投資がわが国に広まるにはかなりの時間がかかるのであり，また，投資理論的にも直接金融よりは市場型間接金融の方が適していると考えたからである。

　金融資産による収益については蝋山の指摘の後，10 年を超える低金利政策によって預金利子からの所得が少なくなっている。緩やかなデフレが続いたわが国では名目金利

109

は低金利であっても実質的金利の水準は低くはなく，人々は預金に執着し，先述の通り，個人金融資産の約52%は現金・預金で運用されている。

　藤田勉は，「米国の家計部門の2007年の配当・利息収入は，2.0兆ドルで，これは米国の名目GDPの14.5%である。家計部門の利払いを控除した純金融収支は，1.7兆ドルである，それに対し，わが国の家計部門の2007年の配当・利息収入は13.1兆円であり，純金融収支は6.8兆円であり，名目GDPの1.3%に過ぎない。金利やインフレの水準が異なるので，日米を単純に比較することはできない。しかし，日本の家計部門の金融資産運用の多様化と国際化を行う余地はかなり高いと思われる」[19)]と述べている。

　このようにわが国の消費を喚起するには，多様化・国際化された高齢者の金融資産運用からの収益が増大することが一つのポイントであろう。

2.2　高齢者の金融資産運用の活用

　これまでの検討からすれば，わが国の高齢者の金融資産がグローバル運用されることが求められると思われるが，実情はどのようになっているのか検討したい。

　現在，わが国の個人金融資産の約60%は60歳以上高齢者によって保有されていると推察される[20)]。図表5-6のように保有資産の分布を見れば，個人金融資産の運用を考察する上で高齢者の重要性は明らかである。

図表5-6　年齢別の金融資産の保有割合（推計値）

年代	20代	30代	40代	50代	60代	70代以上	合計
金融資産の割合（%）	0.5	5.5	12.7	21.6	37.2	22.5	100

（出所）金融広報中央委員会（2010）『暮らしと金融なんでもデータ平成21年版』25ページ。

　高齢者は一般的には安定的な金融資産運用を望んでいると考えられている。しかし，先に検討したように実際は中年期よりリスク資産運用に適しているのが高齢者であり，また，リスク資産運用が他の年齢層に比較しても高いというのが現状である。ただ，そうであっても高齢者の株式市場への個別株式による直接参加はリスクが大き過ぎると考えた方が妥当であろう。勤労所得がない高齢者がリスクに比較してリターンが相対的に少ない個別株式への投資を行うことに賛同する者は多くはないだろうし，少なくとも多額の金融資産を運用するには適しないと思われる。

第5章　高齢者の金融資産運用とイノベーション

　そこで，今では手数料も安価となりつつある先述のバランスファンド，つまり内外の
債券，株式に広く分散投資を行う金融商品を用いて堅実なグローバルな分散投資を行う
ことが考えられる。そうすることによって運用資産の価格変動性は日本株の個別株式で
の運用の場合の3分の1程度に減少すると推察される。この程度のリスクであれば多く
の高齢者に受け入れが可能であろうし，リスクとリターンの比率であるシャープ・レシ
オも改善される。

　バランスファンドの収益性については先に検討したが，手数料・税金を除いても銀行
の1年定期預金を2%程度上回ると言えるだろう。日本全体では概ね約880兆円の個人
金融資産が現金・預金となっているが，この内例えば400兆円がバランスファンドで運
用されると400兆円の2%，つまり年間約8兆円程度の財産所得を個人が新たに得ると
推察される。

　400兆円をバランスファンドで運用するといういのは無理なことではないと思われる。
例えば，米国の個人金融資産の内，預金で運用されている割合は約13%である。仮に
400兆円が投資信託に回っても，わが国の預金が家計資産に占める割合は米国よりまだ
15%以上高い水準を維持することになる。

　わが国の銀行中心の金融システムは高齢化社会の金融資産運用に適した金融システム
に変化することが求められるのではないか。戦後の経済成長を支えた規制金利下の銀
行預金に偏った現在の金融構造は戦後の歴史の中で生じたことであろう。確かに戦後の
官僚主導の金融統制は有効に機能した。いわゆる人為的低金利政策は効果を上げたが，
こうした意図的な低金利政策は均衡金利より低い収入を銀行にもたらし，それは預金者
に転嫁され，インフレの下ではネガティブなものになるとされていた[21]。更に，社会
的損失が起こり，こうした金融抑圧政策は所得分配の不平等を起こすとされていた[22]。

　しかし，わが国で起こったことはこうしたことではなかったことは広く知られている。
野口は，「国内金融が完全な自由市場メカニズムで動いていたとすれば，資本が絶対的
に少なく，労働が過剰であった戦後日本のような経済にあっては，資本は労働集約産業
に集中し，重工業化は容易に進まなかった可能性が強い。さらに，不動産等への資本の
不胎化を生み，生産的資本の蓄積が進まなかった可能性もある」[23]と指摘している。
規制の多い金融システムはわが国では有効に機能していた。

　だが，その金融システムが今も有効であるとは言えない。かつての旺盛で比較的ロー
リスクの資金需要は現在のわが国にはないため銀行の貸出は伸びていない。日本版金融
ビッグバンはそうしたことから行われた。護送船団行政と揶揄された金融行政は，20
世紀末の金融革新が進む時代には不適合であった。池尾和人は，「護送船団行政は，1980

111

年代後半から 1990 年代前半という世界的には金融革新がきわめて活発化した時期に，わが国における金融革新を抑制し，日本の金融機関の国際競争力を喪失させるという甚大な社会的損失につながることになった」24)と述べ，戦後の金融統制が近年の社会の実情に合わなくなっていたことを指摘している。

　日本型金融システムと行政の将来ビジョン懇話会のレポートでは，主として産業金融モデルにより担われている既存の金融システムは増大する実体経済のリスクを支え切れないとしている。「今後も産業金融モデルも存続するが，リスクを発見し，管理し，配分するためには，市場金融モデルの役割が重要になる」として，市場機能を中核とした複線的金融システムの再構築が提唱されている25)。間接金融システム中心の現在の金融システムに限界が来ていることは確かであり，こうした預金から投資信託への金融資産のシフトは考えられて良いと思われる。

　先述のように，銀行預金は 40 歳代の人々のための金融資産の運用商品としては適している。多量のリスクを取れず，また，資金の支出まで期間もない人々にとって 1 年定期預金を繰り返し利用することは適切なことであろう。しかし，少子高齢化が進んだわが国では 60 歳代は人口の多い年齢層であり，また，保有している金融資産も大きく，前掲の図表 5-6 の通り，全体の約 37%と推定され，高齢者は金融資産市場では大きな存在である。

　仮に 400 兆円の資金のシフトが起きて 8 兆円が個人の所得になり，その 60%程度が消費に回れば約 5 兆円の個人消費が発生する。これは GDP を約 1%押し上げる可能性があり，乗数効果が働けばより多くの消費を生み出すだろう。

　しかし，老後の不安を感じていると思われる高齢者が消費を行うかという疑問もあり，一般にはこのように解されていると思われる。だが，60-64 歳は貯蓄が 3,800 万円以上の世帯で年金収入などの可処分所得の 1.9 倍を，そして貯蓄が 600 万円以下の世帯でも 1.2 倍を消費に振り向けていると言われる。また，高齢者世帯は所得が減少してもラチェット効果により消費性向が高まると言われる26)。こうしたことから高齢者の財産所得の増加は消費に回ると思われる。

　また，金融資産運用業等の金融産業の手数料収入も年間 4 兆円以上と想定出来，預金の減少による銀行の収益の目減りについても全国銀行の預貸金利鞘は約 0.4%，経費率は約 0.9%（2014 年度）であるから 400 兆円の預金が投資信託にシフトし，その約 5 割が証券会社によって販売されたとしても大半は補えると推察できよう。

　以上のように高齢者はリスクを取る用意があり，また，財産所得が消費に回る可能性も高い。高齢者のリスク資産による運用，グローバル運用は拡大されて良いと思われる。

第5章 高齢者の金融資産運用とイノベーション

ただ，この動きが起これば多額の預金が減少する。リーマン・ショックの後，欧米の多くの金融機関が危機に陥ったのはその預金量の少なさからであると言われ，預金は銀行経営の基盤であるとされる。そこで，次にその点を検討してみたい。

2.3　金融システムへの影響とリスクマネーの供給

高齢者の金融資産運用がグローバルなリスク資産による分散投資に変化した場合，その影響がわが国の経済を活性化することは間違いないが弊害はないのであろうか。例えば，貸し渋り等が起こるのではないかと考えられる。しかし，日本銀行の資金循環統計によれば1998年から企業部門は一貫して資金余剰となり借入金の返済を行っている。資本市場へのアクセスが難しい中小企業の金融においても，中小企業を主な貸出先とする地方銀行，信用金庫，信用組合は融資先に困り，証券運用を増やしている。

山田能伸は，地方銀行は将来の人口減少の下，貸出が減少すると大きな影響を受けると試算し，およそ15年後について「預貸率が50％台となるこの時点に至って，銀行はもはや伝統的な形から離れ，商業銀行と機関投資家の機能は半々となる」[27]と述べている。つまり，近い将来，預金の5割は中小企業との取引が多い地域金融機関でも証券投資に振り向けるしかないと指摘しており，預金が投資信託にシフトしても中小企業金融が大きな影響を受けることは考えにくい。こうした議論を考慮すれば，400兆円の預金が徐々に投資信託にシフトすることが金融システムの揺らぎを起こすとは考えにくいと思われる。

また，ここまで世界分散型のバランスファンドを取り上げて来たが，グローバルな分散投資と言っても自国の資産に多くを投資するホームカントリー・バイアス型の投資信託を用いて運用資産の半額以上を国内の株式と債券に投資をすればわが国の企業にリスクマネーを供給できる。

しかし，リスクマネーの供給と言っても個別株式投資による株式市場の活性化が適当とは言えない。それは先に述べた投資家が高齢者でなくとも言える。池尾は市場型間接金融について「現代における市場型化は，厳密には，『直接金融の拡大』を図ることとは違う。現代において，金融技術は高度化し，金融取引はますます複雑化している。そのために，資金提供者としての家計と資金調達者としての企業が文字通り『直接に』取引を行うことは，もはや有効なやり方であるとはいえなくなっている。換言すると，当面の課題は，『市場型間接金融』のチャネルを確立することである」[28]と述べている。リスクマネーは投資信託を経由して供給されることが望ましいと思われる。

このリスクマネーの供給がイノベーションを支えると考えるが，このリスクマネーの

113

供給はシュンペーターが重視した企業者への資本提供者としての銀行家の役割を投資信託がシステム全体として担うことを意味する。前例がなく不確実性への対応が求められるイノベーションを銀行貸出によるファイナンスで展開することは容易でない。シュンペーターの銀行家重視の考え方，つまり銀行は新結合の遂行を可能にし，いわば国民経済の名において新しき結合を遂行するとする点に問題がある可能性を否定出来ない。元本保証の預金を原資とする銀行の貸出ではいわゆる「安全性の原則」が重視され，不確実性が高いイノベーションについての融資に対し，銀行は消極的になりやすい。

　確かにわが国において銀行は戦後の高度成長時代に企業を支えた。しかし，当時の企業を支えた技術革新はリスクが小さかった。太田弘子は，「高度成長期の技術開発は全般的にリスクが小さかったために，研究開発費投資に対しても厳密なリスク評価を行う必要性が少なかった。リスクを評価する手法すら，十分に開発されていない」と述べて，わが国の企業のこれまでの技術進歩はリスクが小さかったとしている[29]。

　そのような技術の支援であれば銀行の融資によっても可能であるが，これからのイノベーションは不確実性が高くて銀行による金融支援では難しい面があり，リスクマネーが必要となってくる。この点について，かつて香西泰は，「1400兆円の個人金融資産があるといわれるが，あれは虚構だ。リスクキャピタルはゼロで，負債として抱えている銀行にとっては大変な負担だ。銀行は預金という負担から逃れなければならない」[30]と指摘していた。

　また，竹中平蔵は，「シュムペーターが指摘したような銀行家（金融家）は，かつて日本に実在した。しかし，残念ながら，不良債権処理などを見るかぎり，今の日本の銀行には，本当の意味での最高の戦略家はいなくなったと懸念される」[31]と述べている。

　2014年12月末の国内銀行の預金残高は662兆円であり，一方で貸出金の残高は461兆円であり，その差は201兆円にもなる。シュンペーターが言うような新結合の支援は銀行には困難と思われる。株式市場と銀行のどちらが適切な資源配分を行うかと言えば，いずれにも問題はあるが，わが国の1980年代のバブル期，そしてその崩壊期以降，わが国の銀行は不良債権問題に示されるように適切な資源配分に成功しているとは言えないだろう。銀行融資の失敗はイノベーションを抑制し，マクロの生産性を低下させ，結果として需要の低迷をも引き起こしたと思われる。

　このイノベーションは基本的には供給サイドの観点であるが，これが需要をも喚起する。このイノベーションによる需要の飽和の突破という考え方，需要創出型イノベーションは吉川洋が主張している。吉川は，「ケインズは需要不足は与えられた条件だとして政府による政策を考えた。シュンペーターは，需要が飽和したモノやサービスに代

わって新しいモノをつくり出すこと－すなわちイノベーションこそが資本主義経済における企業あるいは企業家の役割なのだと説いた。イノベーションによって新しいモノが生み出されるから『恒久的』に需要が飽和することはない」[32]と指摘している。

　成長のための需要は長期的にはイノベーションで作られる。つまり，高齢者の金融資産運用は直接的，短期的に所得を増大させて個人消費を増加させるだけでなく，間接的，長期的に企業のイノベーションを通じて有効需要を拡大するという二重の需要創出効果を持つと思われる。特に，この間接的，長期的な効果は持続的な経済成長に不可欠な要素であろう。高齢者のリスク資産運用は，消費を通じて AD 曲線を直接的，短期的には右にシフトさせ，間接的，長期的には企業のイノベーションを通じて右下がりに傾けると思われる。そして，デフレを軽減させ，また，AS 曲線も右にシフトさせると思われる。

　吉川はイノベーションが需要を拡大する点について，「技術進歩，イノベーションにはもう一つの側面がある。それは『需要の制約』を取り除くことである。イノベーションという概念を生みだしたシュンペーターも『経済発展の理論』の中でイノベーションの一つとして『新しい商品の開発』を挙げている」[33]と指摘している。株式というリスクマネーが供給されて企業がイノベーションに取り組めば，それが新しい需要を創り出し，企業の投資を呼び起こす。

　以上のように，高齢者の資金が投資信託にシフトするとしてもわが国の金融システムが揺らぐことはなく，それはイノベーションを促進して需要も拡大するという二重の効果を持つと言えるだろう。では，こうした変化を起こすにはどのような制度的・政策的な対応が必要なのかが次の課題となる。

第3節 求められる政策的支援と望ましい投資教育

3.1　求められる政策的支援

　高齢者の資金の流れがわが国の経済を活性かすることは想定できるが，それをどのようにして実現させるかを検討したい。すなわち，60 歳代を中心とした高齢者のグローバルなリスク資産による運用を実現するために，制度的・政策的にこうした個人金融資産の運用を奨励する策，政府の介入が必要と思われる。

　例えば，高度経済成長時代に少額の貯蓄を非課税としたいわゆるマル優制度を思い起こせば，高齢者向けに「少額ポートフォリオ非課税制度」を作るという税制が考えられよう。つまり，内外の債券・株式の資産，それも国内資産への資産配分を半分以上とするようなアセット・アロケーションを用いるバランスファンドの収益への課税を高齢者

115

の少額投資について非課税とするのである。これによって高齢者のグローバル分散投資による金融資産運用を奨励出来ると思われる。

但し、このような税制面で誘導すべき投資信託を考えるにあたり、いくつかの条件がある。第1は、資産の大半を国内の株式と債券に投資を行うものとすべき点であろう。わが国の企業のイノベーションを推進するためであるから国内株式投資は必須である。また、わが国の政府のファイナンスも考えなくてはならないため、国債への投資も必要となる。グローバル運用と言っても、世界のリスク資産の資産配分に準じた運用を行う世界分散型の運用とすれば、国内の株式・債券への投資は全体の2割程度になると思われ、これは非課税措置で奨励するには不適切と言わざるを得ない。理論的には世界のリスク資産の市場ポートフォリオに近い運用が望ましいが、こうした点は税制による支援の性質上やむを得ないと思われる。

第2は、国内資産以外の部分を海外の株式と債券に投資をする投資信託とすることである。特に海外株式投資は今後も3-4%の成長率が続くと予想される世界の経済成長を取り込むために不可欠である。また、海外の債券についても分散投資によるリスク低減の観点から取り入れることが望ましい。先述の市場ポートフォリオからすれば当然の運用内容であり、これに大きな異論はないであろう。

第3は、運用の手法においてローコストなパッシブ運用を一部に用いることである。つまり、いわゆるインデックス・ファンドを取り入れることである。井出正介は、「わが国ではインデックス・ファンドの多様化はこれからだが、アメリカでは株式、債券、短期金融商品の分野で多種多様なインデックス・ファンドが販売されている。これらのインデックス・ファンドを組み合わせることによって、個々の投資家の好みやリスク許容度に応じた資産ミックスや分散ポートフォリオを低コストで自製することが可能となる」と述べている[34]。

高齢者の老後の不安を解消して個人消費を増大させるには年金制度への不安を解消することも重要であるが、金融資産運用による所得があることも重要であろう。この証拠としてわが国で毎月分配型の投資信託の人気が高いことが挙げられよう。毎月分配型の投資信託がわが国に登場したのは1990年代末のことであるが、当初、こうした商品が売れるわけはないというのが証券業界の実務家の見方であった。その見方を覆し、今では最も販売量が多いタイプの投資信託となった。

この理由は投資家の保有実感にあると思われる。毎月、分配金が銀行口座や証券会社のMMFの口座に振り込まれることにより、毎月のキャッシュ・フローを手にした人々は投資の実感を強く持ったと思われる。こうした比較的間隔の短い定期的なキャッ

シュ・フローを伴う財産所得は生活不安の軽減に効果があると思われる。

なお，年金不安については人々の知識不足という点も少なくない。しかし，現在では将来の公的年金の額を予め通知する制度も始まり，徐々にその不安も緩和している可能性がある。高齢者の多数を占める元サラリーマン世帯であれば，月に約 23 万円の公的年金が支給される。更に企業年金もある元サラリーマンも少なくない。月 23 万円という金額は，30-34 歳の勤労者世帯の消費支出約 26 万円の約 9 割にあたる。これはこの年齢の平均世帯人数が約 3.3 人であることや，多くの高齢者は住宅を所有していることを考えると日常生活に不安を感じる額とは言えないと推察される。つまり，多くの高齢者世帯は子供の世帯とほぼ同様の生活を送る日々が続くと考える事も出来る。こうしてみると年金やファイナンシャル・プランニングに関する知識が普及することにより，このような知識不足から生じる不安の軽減が可能ではないか。

但し，公的年金については 2015 年にマクロ経済スライドが発動され，日本銀行の 2%のインフレ目標が達成される状況になると公的年金の支給額はインフレ率に 0.9%だけ劣ることとなる。また，企業年金にはインフレスライドはないことから，インフレへの対処策として堅実で効率的な資産運用が高齢者には求められる。

また，この年金問題に関連して少子化についての懸念が示されることが多い。しかし，後藤純一は，少子化による労働力不足には外国人労働者の受け入れより，「貿易自由化によってモノの移動を促進する方がはるかに効果的である」[35]と指摘している。少子化は女性や高齢者の国内労働力の活用など多角的な取組で対応可能と思われる。

年金制度は見直しが行われ，長期的には実質的には約 2 割程度の減額となることが想定されているし，消費税の増税で高齢者の経済的状況は現在よりは悪化するだろう。しかし，年金制度が破綻すると思うことは行き過ぎであろう。

このように高齢者向けの「少額ポートフォリオ非課税制度」には様々な条件を課した上で実施することが求められるが，その効果は高齢者の金融資産運用に小さくない変化を与える可能性があり，この取組自体が一つのイノベーション，新しい金融制度ではないかと思われる。

こうして税制による支援を検討してきたが，次にこれとは別の観点として高齢者の知識の問題を検討する。

3.2 望ましい投資教育

これまでの検討によれば高齢化社会に適した金融システムとは市場型間接金融システムとしての投資信託を用いたものであり，現在用いられている「貯蓄から投資へ」の

標語を「貯蓄から分散投資へ」とすることが妥当と思われる。この点について更に検討したい。

　今，わが国に求められるものは，高齢者の投資信託を用いた内外の債券，株式への堅実な分散投資と思われるが，これを実現するには税制による支援と共に一定の投資教育が必要ではないか。一般に金融経済教育というと年少者向けの視点の議論が多い。しかし，今のわが国に求められているのは高齢者への投資教育を中心とした金融経済教育，それも分散投資に関する教育であると思われる。

　原田泰は，「不良債権問題にメドがついた05年以降も日米の利回り格差は縮小していない。インフレ率の差という問題はあるにしても，依然として，資産を活用するための個人のノウハウがつたない可能性や，金融業の技術力・競争力が高まっていないことをうかがわせる」と述べ，個人の金融資産運用についての知識不足を原因の一つとしている[36]。

　ところで，若年層の投資教育については株式投資の断片的な知識をゲーム的な扱いで説明しているものが散見される。しかし，簿記・会計の知識がなければ分からないような内容までをあたかも理解が可能であるかのように伝えることは問題があると思われる。山崎元は，「たまに，金融教育の名の下に，子どもたちに株式の模擬取引などをさせている風景を見聞するが，まったく意味がない。本当に必要な教育は，中学や高校の時点で，複利の計算など基本的なおカネの知識を身につけることだ」[37]と述べている。

　米国では高校生に対して，リスクとリターンの関係，分散投資の理論が経済学の一分野として教えられている[38]。わが国でも高校生等に対してこうした基礎的な投資教育が行われることが望ましいと思われる。

　金融資産運用には大きくわけて3つのアプローチがある。浅野幸弘は，「それはファンダメンタル分析，テクニカル（チャート）分析，そしてポートフォリオ分析に基づくアプローチである。どれが有効であるかは市場の効率性の程度に依存するが，投資家はともすると自分の能力を過信して，過度なリスクをとることになりがちである」と述べている[39]。これら3つのバランスの良い投資教育が必要であるが，個人のライフプランを支える金融資産運用において重要な教育内容はポートフォリオ分析に依拠するアプローチと思われる。こうした分散投資についての投資教育が高齢者に対して行われることが望ましい。

　また，海外への投資というとリスクが高いと敬遠されがちである。しかし，少子高齢化が進むわが国では海外への資本の投下からの果実を得ることは企業にも個人にも必要なことである。松前俊顕は，世界の株式に分散投資を行った場合のリスクとリターン

第5章　高齢者の金融資産運用とイノベーション

は共に日本株式に投資を行った場合より良いパフォーマンスを示し，「過去 34 年間
（75-09 年）を見ると，日本は他市場に対して継続的なアンダーパフォーマンスを経験」
していると述べている[40]。

　リスクへの挑戦，企業のイノベーションへの金融支援を非課税措置という補助，投資
教育という知的なサポートで支援することにより可能にしてゆくべきと考える。販売業
者による投資信託の営業活動にのみ任せていては高齢者のリスク商品へのアプローチ
が遅くなる可能性があり，何らかの公的教育の併用が必要である。販売業者は，法令遵
守とファイナンシャル・プランニングの観点を徹底すれば良い情報の提供者となれるが，
それだけでは不足する部分があることは否定できない。

　以上のように投資教育は高齢者の分散投資を中心に行われるべきであろう。こうして
得られたリスクマネーがどのようにイノベーションを起こし，わが国の経済の状況を切
り開いてゆくかを考察して来たが，次にこれへの反論について考える。

第4節　本考察についての再検討

　これまでの高齢者の金融資産運用とイノベーションの検討への反論について考えて
みたい。これまでの意見については，第1に，現実論として提案された非課税制度は実
現可能性があるのかという点があるだろう。これについては，英国の個人貯蓄口座（ISA）
をモデルとした少額上場株式等にかかる配当所得及び譲渡所得等の非課税措置，日本版
ISA と言われる NISA が 2014 年から導入された。これを修正すれば「少額ポートフォ
リオ非課税制度」のような非課税制度は実現可能である。また，年齢制限については，
かつての老人等の少額貯蓄非課税制度の例があり，実現性はある。更に付言すれば英国
の ISA ではバランス型の投資信託での運用が多いと言われることも参考になる。

　第2に，株式投資の増大がイノベーションの主要因になるのかという反論もあるだろ
う。確かにそうした面はある。例えば太田は，「日本の大企業がリスクに挑戦しやすい
体制をもっているか，また，参入・退出を身軽に行える体制を持っているかということ
を考えると，なかなか難しい」[41]と述べ，終身雇用制の問題点を指摘している。しか
し，イノベーションの問題は雇用形態でなく経営の問題である。

　一條和生は，フィロソフィー，戦略，そして経営力の三位一体によって競争力が発揮
さればなければイノベーションは起こらないとして経営力に着目している[42]。雇用シ
ステムより経営システムが問題と捉えることが妥当であり，終身雇用が決定的な要因と
は思われない。リスクマネーの供給はやはりイノベーションの一つの要因であろう。
シュンペーターは銀行家を流通経済の監督者と呼んだが，イノベーションの実現を目指

119

す企業者の行為を実現可能とするのは市場型間接金融による金融に違いない。

　第3に，シャープが述べるように構成比を固定しているポートフォリオは市場を相手に賭けを行うことになると言う意見である[43]。確かにパッシブ運用の点からはホームカントリー・バイアスの運用の奨励は，国内資産への賭けであり好ましくない。

　しかし，わが国への株式投資は2000年から2009年の10年間においてインフレ調整後で年率マイナス 4.5%であり，同時期のグローバル株式運用は米ドルベースでインフレ調整後ではマイナス 2.8%とその差は 1.7%である。だが，1990 年代にはその差が14.2%であった[44]。つまり，今世紀に入りわが国の株式投資のパフォーマンスと世界との差は縮小しており，先述の通り，制度的・政策的な効果を考えると，ある程度のホームカントリー・バイアスは許容されると思われる。また，日本銀行が量的・質的金融緩和を実施してから日本の株価は上昇し，しかも PER は概ね高くない水準を維持しており，日本株への投資は報いられると考えられる。

　このように様々な反対意見はあろうが，いずれもこれまでの検討を否定するまでの意見とはなりえないと思われる。

おわりに

　わが国の高齢者のリスク資産による金融資産運用は合理的な行動である。金融資産運用と年齢の間には支出による制約から加齢と伴にリスク資産運用が困難になるのではない。教育と住宅への支出が家計を圧迫する中年期より高齢期の人々の方がリスク資産運用に適している。人的資本の観点からはリスク許容度は年齢と伴に低下するが，それだけから「適合性の原則」を判断してはならない。年金制度，住宅資金等の支出も含めたライフプランをベースとして包括的に金融資産運用と年齢の関係を見ることが重要である。

　そして，高齢者が内外の株式，債券による堅実な分散投資によって財産所得を得て，そこから個人消費を喚起し，同時に企業のイノベーションを資本の面から支援することによりわが国の経済は活性化する。高齢化社会の経済に必要なものはイノベーションによる生産性の向上である。それをサポートするには間接金融における銀行の情報生産機能，資産変換機能では不十分であり，市場型間接金融を用いてリスクマネーが供給されることがポイントである。そのための政策的な支援，政府の介入が求められており，高齢者に対する投資税制の改正と分散投資に関する投資教育が課題となると思われる。

　今こそ需要サイドと供給サイドの双方に，短期的・直接的に，そして長期的・間接的に効果がある高齢者の堅実な分散投資に注目し，高齢化社会に適する投資信託を活用し

た金融システムの構築への取組が行われることが望ましい。

　豊富な高齢者の金融資産がグローバルな分散投資に向かうことは重要であり，高齢者の金融資産運用に適した運用商品の開発，具体的な投資教育の手法等の課題について更なる研究が行われることを期待したい。

注)
1)　井出正介・高橋文郎（2001）『証券投資入門』日本経済新聞社，303ページ。
2)　菊池英博（2010）「偽装財政危機が招いた平成恐慌」『学士会報第881号』学士会，52-53ページ。
3)　岩本武和・奥和義・小倉明浩・金早雪・星野郁（2007）『グローバル・エコノミー新版』有斐閣，202ページ。
4)　きんざいファイナンシャル・プランナーズ・センター編著（2010）『FP技能検定教本2級1分冊ライフプランニングと資金計画／リスク管理2010年版』きんざい，38ページ。
5)　日本証券アナリスト協会編榊原茂樹・青山護・浅野幸弘（1998）『証券投資論第3版』日本経済新聞出版社，467-468ページ。
6)　東洋信託銀行投資企画部編著（1998）『上級ポートフォリオ・マネジメント』金融財政事情研究会，11ページ。
7)　渡辺孝監修金融中央広報委員会（2010）『暮らしと金融なんでもデータ平成21年版』，2ページ。
8)　日本銀行統計調査局（2015）「資金循環の日米欧比較」
https://www.boj.or.jp/statistics/sj/sjhiq.pdf#search（2015年9月13日アクセス）。
9)　リスクプレミアムについては，蝋山昌一編（1999）『投資信託と資産運用』日本経済新聞出版社を参考とした。
10)　渡辺孝監修金融広報中央委員会（2010）『暮らしと金融なんでもデータ平成21年版』ときわ総合サービス，135ページ。
11)　田村耕一(2000)『ぼくらの金融教科書』西田書店，50ページ。
12)　日本経済調査協議会（2007）「貯蓄率の低下，ＩＳバランスの変化と日本経済─資金の効率運用と金融サービス業の国際競争力─」，11ページ。
13)　内閣府（2008）『平成20年版経済財政白書』,152-153ページ。
14)　伊藤伸二（2009）「相対的リスク回避度の適合性判定への応用」『ファイナンシャル・プランニング研究』No.8.日本FP学会，13ページ。
15)　内閣府，前掲書，152-153ページ。
16)　野口悠紀雄（2010）『日本を破綻から救うための経済学』ダイヤモンド社，70-73ページ。
17)　『日本経済新聞』2010年12月27日。
18)　蝋山昌一編著（1999）『投資信託と資産運用』日本経済新聞出版社，4ページ。
19)　竹中平蔵監修藤田勉著（2009）『はじめてのグローバル金融市場論』毎日新聞社，18ページ。
20)　渡辺孝監修金融広報中央委員会，前掲書，25ページ。
21)　McKinnon, Ronald I.（1973）　*Money and Capital in Economic Development*, Brookings Institution, p.69.
22)　Show, Edward , S .(1973) *Financial Deeping in Economic Development*, Oxford University

Press, P.80.

23) 野口悠紀雄（1995）『1940 年体制』東洋経済新報社，102 ページ。

24) 池尾和人（2006）『開発主義の暴走と保身』NTT 出版，130 ページ。

25) 蝋山昌一編著（2002）『金融システムと行政の将来ビジョン』財経詳報社，サマリー1。

26) 小方尚子（2013）「世帯タイプ別消費動向からみる個人消費活性化に向けた課題」
https://www.jri.co.jp/MediaLibrary/file/report/researchreport/pdf/6768.pdf#search （2015 年 9
月 13 日アクセス）。

27) 山田能伸（2009）『地域金融―勝者の条件』金融財政事情研究会，97 ページ。

28) 池尾，前掲書，288 ページ。

29) 太田弘子（1995）『リスクの経済学』東洋経済新報社，39 ページ。

30) 日高正裕（2003）『論争・デフレを超える』中央公論新社，71－72 ページ。

31) 竹中平蔵（2010）『経済古典は役に立つ』光文社，160 ページ。

32) 吉川洋（2009）『いまこそ，ケインズとシュンペーターに学べ』ダイヤモンド社，26 ページ。

33) 吉川，前掲書，86 ページ。

34) 井出正介・高橋文郎（2001）『証券投資入門』日本経済新聞社，167 ページ。

35) 後藤純一（2010）「少子高齢化時代における外国人労働者問題」伊藤元重編『国際環境の変化
と日本経済』慶應義塾大学出版会，365 ページ。

36) 原田泰・大和総研（2010）『データで見抜く日本経済の真相』日本実業出版社，118 ページ。

37) 山崎元（2009）「投信が普及しないのは業界の努力不足」『週刊金融財政事情』第 60 巻第 33
号，23 ページ。

38) Miller,R.L.（2001）*Economics*, The McGraw-Hill Companies, Inc.pp158-159.

39) 浅野幸弘・宮脇卓（1999）『資産運用の理論と実際』中央経済社，7 ページ。

40) 松前俊顕（2010）「グローバル株投資への移行·ホームカントリーバイアスのコスト-」，『証券
アナリストジャーナル』第 48 巻第 9 号日本証券アナリスト協会，9 ページ。

41) 太田，前掲書，38-39 ページ

42) 一條和生（1998）『バリュー経営』東洋経済新報社，220 ページ。

43) Sharp.F.W.（2006）*Investors and Markets*, Princeton University Press,（川口有一郎監訳
不動産証券化協会不動産ファイナンス研究会訳（2008）『投資家と市場』日経 BP 社，272 ページ。）

44) 松前，前掲論文，9 ページ。

参考文献

池尾和人（2003）『銀行はなぜ変われないのか』中央公論社

植田和男（2005）『ゼロ金利との闘い―日銀の金融政策を総括する』日本経済新聞社

斉藤誠（2010）『競争の作法―いかに働き，投資するか』筑摩書房

堺屋太一（1997）『次はこうなる』講談社

坂本武人（1996）『新しい家庭経済学 第 2 版』法律文化社

鹿野嘉昭（2006）『日本の金融制度 第 2 版』東洋経済新報社

全国銀行協会金融調査部編（2010）『図説わが国の銀行』財経詳報社

日本ファイナンシャル・プランナーズ協会監修　牧野昇・武藤泰明著（1999）『ファイ
　　ナンシャル・プランナーの基礎知識』ダイヤモンド社

野口悠紀雄（2010）『世界経済が回復するなか，なぜ日本だけが取り残されるのか』ダイヤモンド社

浜田宏一・堀内昭義編（2004）『論争　日本の経済危機　長期停滞の真因を解明する』日本経済新聞社

吉川洋（2003）『構造改革と日本経済』岩波書店

Keynes, J. Maynard(1936)*The General Theory of Employment, Interest and Money*,（間宮陽介訳（2008）『雇用，利子および貨幣の一般理論』岩波書店）

Schmperter J.A.(1912)*Theorie der wirtschaftlichen Entwichlung*（中山伊知郎・東畑精一訳（1951）『経済発展の理論』岩波書店）

補論　生活者に対する投資信託の販売とファイナンシャル・プランニング

はじめに

　本稿では，地域の生活者に対する投資信託の販売についてファイナンシャル・プランニングを用いた技法を検討し，その有用性を考察する。家森信善は，「地域金融を利用者の面からとらえると，（中略），中小企業，生活者，地方公共団体になると思われる」[1]と述べているが，これらの内，中小企業については地域密着型金融であるリレーションシップ・バンキングへの取組がなされ，地方公共団体についてはPFIなどの公民連携への取組が進められている。そして，生活者については，住宅ローン，消費者ローン，資産運用商品，そして保険商品などの金融サービスの提供が取り組まれている。この中で1998年12月から銀行等に取り扱いが解禁された資産運用商品である投資信託の販売について採り上げたい。

　わが国の個人金融資産の5割以上は預貯金によって運用されているが，これはオーバー・デポジットと言われる状況である。そのため，「貯蓄から投資へ」という標語で表されるようにわが国は過剰な間接金融中心の金融システムの修正が求められている。しかし，個人金融資産の大半は60歳以上の高齢者またはこれに近い年齢の人々によって保有されていると思われ，こうした人々が，直接，資本市場に参加することはリスクが大きいと言わざるを得ない。

　そこで，市場型間接金融商品としての投資信託が着目され，銀行等にその販売が解禁となったと思われる。つまり，投資信託の販売はわが国の金融システムの在り方を変えてゆく可能性を秘めていると推察される。一方，高齢化が進むわが国ではその引退後の生活資金を効率的に運用してゆくことが求められ，投資信託はマイルドなリスクで銀行預金より比較的良好なリターンを得る商品として生活者に提供されることが望ましい。

　この投資信託の販売については，ファイナンシャル・プランナーが担当することが効果的であると言われてきた。しかし，実際にはファイナンシャル・プランニングの特徴としてのライフデザインとライフプランからの意思決定，個人に対するライフプランをベースとした包括的アプローチ，そして，パーソナルファイナンス論もさほど活用され

補論　生活者に対する投資信託の販売とファイナンシャル・プランニング

ていないと思われる。その結果，販売担当者は単に資産の増大を目指すいわゆる「投資アドバイザー」となっていると推察される[2]。

このような状況を是正し，ファイナンシャル・プランニングが地域の金融ビジネスに活かされ，地域の生活者の厚生を向上することは望ましいことであろう。また，地域金融機関の手数料収益を高めてその財務体質を強くし，結果として地域経済への貢献を高める可能性もある。

本稿では，以上のような観点から投資信託の販売技法を，ファイナンシャル・プランニングの技法を踏まえつつ考察したい。

第1節　投資信託販売の基本的な技法

1.1　技法の骨子

ファイナンシャル・プランニングを用いた投資信託のセールス技法のアウトラインとしては，次のように考えられると思われる。

まず第1にヒアリングにより投資家の一般的な実情を把握してゆく。そして，第2に具体的な運用ニーズと投資家の実情・ライフプランの認識を投資家と共有しつつ，これと合わせて投資啓発，投資教育を行う。第3に個別商品とその商品に影響するマーケットの状況説明を行い，第4に具体的な個別商品を組み合わせた運用提案を行う。そして，第5にアフターフォローを行う，というフローである。

この考え方はシャープによって示された市場，投資家，そしてアセット・アロケーションという基本的なフレームワークと整合的と思われる。シャープは，アセット・アロケーションの情報フロー・チャートとして，資本市場に関わる情報，投資家に関わる情報，そしてアセット・ミックスに関わる情報の流れを提示し，最適なアセット・ミックスは資本市場に関する情報と投資家のリスク態度の双方がインプットされて決定されることを示した[3]。

この考え方は企業年金の運用に取り入れられており，厚生年金基金連合会は，「基金にとっての望ましい政策アセット・ミックスは，年金の年金債務状況抜きには決定することが出来ない」[4]としている。年金プランを考慮しない年金基金運用はなく，個人の場合も同様であってライフプランを考慮せずに金融資産運用の意思決定は出来ないと思われる。

このフレームワークには投資家の実情の観点が市場・商品の状況と対等に位置づけられている。個々の生活者の状況と投資とを合わせて考えるという視点があると言えよう。ファイナンシャル・プランニングの立場から言えば，投資家に関わる情報・リスク態度

125

はそのリスク認識，投資知識等も含めてライフプラン，資本市場に関わる情報はマーケット，そしてアセット・アロケーションに関わる情報はポートフォリオと言い直すことができるだろう。これを図に表わせば図表補-1のような関係になると思われる。

図表補-1　ライフプラン，マーケット，ポートフォリオの関係

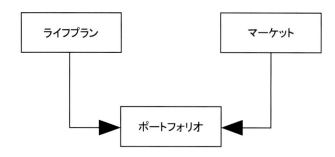

つまり，先述のアウトラインの第1と第2の部分は個人のライフプランに関わる部分であり，第3はマーケットに関する部分である。そして第4はポートフォリオ，すなわち，アセット・アロケーションの部分に相当する。第5はこれまでの流れを繰り返してゆくことになり，ライフプランとマーケットに関する部分に戻り，再びこの流れに沿うことになると思われる。

総論としては以上のようになると思われるが，次にこれらの個々の点についていくつかのポイントを詳細に考察してゆきたい。

1.2　個々の技法とそのポイントについて

ファイナンシャル・プランニングを用いた包括的な投資信託販売の技法の全体像とシャープの考え方を比較して整理したが，次にこれを個々の段階について見てゆきたい。

まず，投資信託の勧誘業務は，先述の通りヒアリングから開始されるのが適切であろうと思われる。金融商品取引法ではいわゆる「適合性の原則」の観点から投資家の状況を厳正にチェックすることが勧誘者の義務とされている。しかし，そうした法規制がなくともファイナンシャル・プランニングの観点からは必要な事である。このヒアリングがなければ，販売担当者はファイナンシャル・プランナーではなく単に資産増大を目指す投資アドバイザーでしかない。また，先に引用したシャープのフレームワークでは投資アドバイザーの役目すら果たせないと思われる。

補論　生活者に対する投資信託の販売とファイナンシャル・プランニング

このヒアリングの契機をいかに作るかの技法については，「投資信託にご興味があり
ますか」と言った「まず商品ありき」という発想による質問を避け，投資家の実情・ラ
イフプランについて投資家が答えやすい質問から始めることであろう。例えば，預金金
利について「預金金利が大変低いわけですが，どうお感じでしょうか」，と言った質問
や，「ご預金の中に5年以上ご使用されない資金があればどうされますか」，と言った質
問が妥当ではないか。

こうした質問で重要な点は，イエス，ノーで答えられない質問を用いることであろう。
こうした質問をコミュニケーション論では「開かれた質問」と呼び，イエス，ノーで答
えるしかない質問を「閉じた質問」という[5]。「開かれた質問」を用いると多くの情報が
得られ，明確な回答を必要とする場合には不適切であるが，会話のオープニングとして
は有効であるとされる。その質問への回答への理解を示すことにより投資家を理解しよ
うとしている姿勢を伝えることが最初のポイントと思われる。

ファイナンシャル・プランニングでは個人の援助を行うので心理学の知識も重要であ
るとされており，この第1のポイントは技法の基本となると思われる[6]。こうした投資
家についての包括的な情報がなければ次のステップには進めないであろう。また，ファ
イナンシャル・プランニングでもセールススキルでも重要である良好な関係性の構築に
も進まない。

こうした点に着目することは違和感を持つかも知れないが，個人金融取引において詳
細な投資家の情報を得ることは困難な場合が多い。そのために，ややもするとこの段階
をスキップして商品の勧誘に進むことが多い。するとファイナンシャル・プランニング
の観点からのアプローチは初期の段階で難しくなると思われる。実際，実務的にはこの
部分が小さくない難関になっていると推察される[7]。

次に第2に，投資家の実情，ライフプランのヒアリングを本格的に始めるにあたり重
要なことは投資目的のおおよその確認であると思われるが，これは予想される運用ニー
ズを勧誘する側から示すことが求められる。その契機としては，ライフプラン上の教育，
住宅，老後といった人生3大資金ニーズを取り上げれば概ね問題ないだろう。このライ
フプランについては，地域の特徴，例えば教育費では，地方においては大学進学のため
には公立高校で十分である場合が多いが，大都市では私立高校が有利であることが多い
など地域性がある点に留意したい[8]。

なお，ここで注意すべき点は，むやみに当該資金ニーズについての不安を煽り資金運
用の必要性を説いてはならないことであろう。人は不安が全くなければ動かないことは
事実だが，大きな不安があれば的確に対応することも出来なくなる可能性が高い。

127

適度な不安が最も人を活動的にさせるのであり，例えば，ヨットであれば適度な風が一番であり無風も暴風も良くないと言えよう。恐怖を喚起するようなアプローチは避け，投資家が「コントロール可能な問題」といった意識を持つ程度に留めることが効果的なアプローチであると思われる。

　そして，投資家の詳細で包括的な実情・ライフプランの把握であるが，コンプライアンスの観点からも「適合性の原則」を遵守するためには，「顧客熟知義務」つまり，投資家を良く知ることが必要とされており，その観点は運用目的，投資知識，投資経験，そして財産の状況の4点とされている。

　こうした詳細なヒアリングを行う時に重要なステップは，なぜヒアリングを行っているかという理由を予め明確に示すことであろう[9]。こうした説明もなく，「金融商品取引法の定めがあるために，この用紙にご記入願います」などと言うことは不適切な技法と思われる。

　「適合性の原則」については，平成17年7月14日の最高裁の判決で，「投資家の意向と実情に反して，明らかに過大な危険を伴う取引を積極的に勧誘するなど，適合性の原則から著しく逸脱した証券取引を行わせたときは，当該行為は不法行為法上も違法となると解するのが相当である」とした例がある[10]。

　かつては，「適合性の原則」を明確に適用した裁判例が少なく，説明義務の違反という法律構成で個人を勝訴させる裁判が多かったと言われるが，最高裁がこのように判示したことはファイナンシャル・プランニングの観点，つまり包括的視野が投資家保護の観点からも妥当なものであることの一つの根拠となるであろう。

　第3に，商品と市場の説明，つまりマーケットの分野が挙げられるが，その内容としては，個別商品のリスク，リターン，そしてコストの説明がポイントとなると思われる。リスクとリターンは表裏一体のものであり，ハイリターンにはハイリスクが伴う。そうした考えを適切に説明することが望ましい。

　特にリスクの説明はそのリスクが表れる「頻度」と表れた場合の「程度」の2点から説明することが適当であろう。リスク・コミュニケーションの研究においては人間のリスク認識はこの2点から行われることが知られており，効果的なリスクの説明には不可欠な観点と思われる。

　これを行うことはさして困難なことではないと推察される。なぜなら，「頻度」と「程度」は現代ポートフォリオ理論で用いられる確率の考え方と同じ観点であり，投資信託商品についての標準偏差のデータは多く揃えられているからである[11]。

　そして，こうした正確なリスク説明と共にリスクへの対処策・リスク低減策を説明し

補論　生活者に対する投資信託の販売とファイナンシャル・プランニング

なくてはならない。これによって投資家の不安が逓減され，行動変容が起こると推察される。また，コストの説明も重要であり商品によってはこのコストが投資家にとって最大の判断基準となると思われる。

　第4に，投資目的やリスク許容度に合った商品のポートフォリオ提案・説明が行われることが妥当であろう。具体的な商品の提案・説明においては，基本的にはポートフォリオ運用を提案し，単一資産での運用は避けて提案を行うことについて今日では大きな異論はないであろう。そして，その提案は，いくつかの案を同時に提示しその中から投資家に選択してもらうようにすることが妥当である。

　これはコンプライアンスで言う自己責任の前提である自己決定の確保を支える技法と言えよう。ここにおいて単品セールス，お勧め商品，売れ筋商品的な考え方は不適切であることになる。自己責任を問うためには自己決定が保証されなくてはならず，それは冷静な判断であることが求められる。複数の提案は冷静な判断による自己決定を促進する[12]。

　そして，個別の商品の提案ではそのメリット，デメリットを明確に述べてそれら両面と投資家自身の運用ニーズへの貢献度合いを比較して判断してもらうべきと思われる。

　こうした投資教育的な説明について，山崎俊輔は，『『教育しない方が賢い投資家を作らなくてすむ』と考えるのは誤った判断である。むしろ投資家の成長により，販売側にもレベルアップが求められると前向きにとらえ，ぜひとも投資教育のスキルを自らの提案力向上につなげたい」[13]と述べている。消費者教育としての投資教育は資本市場の機能を強化して市場メカニズムの効率性を高めてゆく。健全な市場経済には消費者への教育が不可欠である。このような観点からもこうした投資教育的説明に取り組むべきと思われる。

　ただ，こうした社会的な効果はいわゆる外部経済であって金融機関の勧誘担当者がこの投資教育を負担することは疑問があるかも知れない。しかし，実際には，ミクロ経済学で言われる「評判」の確立によって金融機関，特に地域の金融機関は長期的に小さくないメリットを得ると推察される。

　それでもデメリットの説明を行うことには抵抗のある担当者がいるかも知れない。しかし，先述のリスク・コミュニケーションの研究ではこうしたデメリットの説明をも行う方が，情報の出し手への信頼性が高まるとされている。こうした手法は両面的コミュニケーションと呼ばれるが，吉川肇子は，「唱導方向に反対する受け手の場合」に有効と述べている[14]。

　なお，ファイナンシャル・プランナーによる投資教育には懐疑的な意見もある。山崎

元は，「金融教育には標準が確立していない。（中略）金融教育を担うべき主体も決まっていない。たとえば，ファイナンシャル・プランナーにしても力不足だ」と指摘する一方，投資信託について，「高コストには疑問があるが，運用の仕組みとして，投信は非常に合理的だ。よい商品が広く認知されると，一気に伸びるだろう」15)とも述べている。ファイナンシャル・プランナーとしては，投資教育は自己責任と自助努力が求められるわが国においては重要なミッションであり，また，投資信託は広く生活者に普及することが望ましい市場型間接金融の商品であり，取り組まねばならぬ課題であろう。

　そして第5に，勧誘後のアフターフォローの問題がある。リスク商品勧誘後はマーケットの状況に応じての投資内容の変更の要否についてフォローしてゆくことが妥当と思われる。前川貢は，「投資は貯蓄とは違う。貯蓄を勧めて放って置かれても恨みに思う人はいないが，投資を勧めて放って置かれると恨みに思う人が多い。投資は値動きがあるので買うときの不安よりも買ったあとの不安のほうが多くなるからだ」16)と指摘している。

　また，投資家の状況の変化についてもフォローし，それに対応して投資内容を変化させることが重要であろう。市場の変化と投資家の状況の変化の双方のフォロー，更にはポートフォリオへのフォローがあって適切な投資商品のアフターフォローが遂行されると思われる。単なる投資アドバイザーはマーケットとポートフォリオしかフォローしないが，ファイナンシャル・プランナーはライフプランについてもフォローすることが求められる。

　こうしたアフターフォローが先述のように優れた評判を生み，結果として信頼される情報源となり，販売の効率を向上させる。

　なお，投資の見直しとしてポートフォリオのリバランスを強調する考え方もあるが，リバランスは過去のデータに縛られる面もあり，柔軟な市場の変化に対応出来ない点もあることを指摘しておきたい。少なくとも定時，定額ではなくリターン向上を目指す一定のルールに基づかないリバランスには問題があると思われる。

　また，投資の終了についてのフォローが重要であり，投資資金の使用時期が近付いて来たら，徐々に投資を終了させるような投資終了時期の分散についてのアドバイスが求められる。例えば，ターゲットイヤー運用のように投資の終了の時期が近づくにつれて株式運用の割合を小さくして債券運用の割合を多くし，最終的には短期金融商品で運用のほとんどを行うような運用手法のアドバイスが求められると思われる。投資の最後の場面は投資成績を左右するのであり，その不確実性への対応は不可欠と推察される。

　以上のように5つの段階について見てきた。しかし，投資信託の販売にファイナンシャ

補論　生活者に対する投資信託の販売とファイナンシャル・プランニング

ル・プランニングの視点が有効であると言っても，そもそも積極的な金融資産運用に関心を示さない投資家にはどう対応するのが良いのであろうか。つまり，第1の段階で既にアプローチが困難な投資家にはどのような対応が適切なのであろうか。そうした点を次に検討したい。

1.3　投資信託を保有することの意義について

　先述の組み立て，アプローチが投資信託販売に効果的であり，投資家の合理的判断を援助するとしても，そうした商品に関心を示さない生活者も多い。目黒政明は，資金的ゆとりのある個人に対しては，「投資することに抵抗感を覚えている人の場合，投資の必要性の説明が不十分だと，実際に投資に踏み切ってもらうのは難しい」[17]と指摘している。

　こうした点については，経済環境の観点と個人のライフプランの2点からの説明・説得が妥当と思われる。まず，個人が投資商品を保有する第1の理由・意義は，構造的に預貯金では高いリターンは期待できなくなった経済環境にあると思われる。

　短期金利の水準は基本的には実質 GDP の増加率とインフレ率の合計値に左右されると考えられよう。日本の長期的な実質経済成長率は 1-2%程度ではないかというのが一般的な予想と思われる。そこへ，インフレ率を日本銀行が「中長期的物価安定の理解」において想定していた値の中心値である 1%と予想すれば，短期金利の水準は 2-3%程度と思われる。また，日本銀行が 2013 年に設定したインフレ目標を達成した場合，インフレ率は 2%と予想でき，短期金利の水準は 3-4%程度となる。

　政府は 2009 年初めに名目成長率を 3%とすることを目標としたが，これは妥当な水準ではないかと思われる。つまり，リーマン・ショックによる景気後退からの回復が出来，ゼロ金利時代が終わっても，かつての高度成長，安定成長時代とは異なる低成長時代が続き，それと共に低金利時代が続くと予想されると推察される。また，2015 年 7 月の「中長期の経済財政に関する試算」によれば，経済再生ケースで名目成長率は 3%以上，ベースラインケースでは 1%半ばとされているが，いずれにせよ 1 年定期預金の金利が 5%以上という状況は予想しにくいと思われる。なお，安倍首相は 2015 年 9 月に GDP600 兆円を新たな目標としたが，これは先述の経済再生ケースで想定されていたことであり，この数値の政治的意義を高めたものと言えよう。

　そこで，こうした低成長を背景とした低金利時代の中で高い収益性のある金融資産運用を考えるのであれば，投資対象を債券や株式投資へ拡大する必要があるだろう。そして地域的にも海外へと範囲を広げなくてはならない。また，運用期間も短期から長期へ

131

とシフトすることが求められる。株式への投資はそのリスクに見合う報酬があり，成長性の高い地域への投資のリターンは高い。また，債券投資の期間のリスク・プレミアムも享受しなくては良い収益の投資を行うことは難しいと思われる。

第2の理由・意義としては，これらからの個人のライフデザイン，ライフプランの点からのものが挙げられる。現代において個人は老後，つまり勤労所得が期待できない期間が長期化し，その時の生活資金が過去と比較して多く必要となる。平均寿命は過去半世紀で約16歳も伸びておりそのため老後の生活資金が多く必要となったことは間違いない。

60歳代で寿命が尽きた半世紀前の日本人は，「金勘定より健康でまじめに働くこと。お金は預貯金だけで良い」といった勤労重視の生活態度，金融意識でほぼ十分であり問題は少なかったが，そうした時代は終わったと思われる。「現在の日本人には懸命に働いた現役時代の後20年以上勤労所得のない期間が控えています」と言った表現で勤労所得に加えて財産所得の重要性が増した時代となっていることを投資家に説明することが重要であろう[18),19)]。

このように投資の意義の説明と説得は経済環境，つまり市場の状況と，ライフプランの問題の双方を説明することが望ましいと思われる。これは前掲の図表補-1のライフプランとマーケットの観点からでもあり，意思決定の流れとしてもその合理性は小さくないと思われる。

無論，これに先述の両面的コミュニケーションを組み合わせることも良いと推察される。例えば，株式投資については，わが国の株式投資はバブル経済時に始めた長期投資は現在でも報われていない，外国通貨建ての投資は為替変動リスクで言われる程の収益を得にくい，などである。こうした反論も示しながら，唱導する意見への理解を獲得することが適切と思われる。

以上のように，ファイナンシャル・プランニングの観点から投資信託販売の技法を検討してきたが，これでは抽象的な部分も少なくないため，次に実際に投資信託を保有している投資家のケースを想定し，販売のポイントを検討してゆきたい。

第2節　具体的なケースを想定した検討

2.1　リスク許容度の高い若年層のケースについて

投資信託の販売技法にファイナンシャル・プランニングを取り入れた場合の様々な技法を見てきた。これを具体的な投資家のケースを想定して吟味することは，その検討をより深く行えると思われる。

補論　生活者に対する投資信託の販売とファイナンシャル・プランニング

　まず，例えば，投資家の属性として20歳代後半の独身のサラリーマンで保有資産は預金が200万円程度と勤務先の従業員持株会の投資残高30万円程度，そして毎月分配型の外債投資信託を80万円保有していると仮定しよう。

　投資信託の投資目的は分配金を毎月の小遣い代わりに受け取ることであり，投資経験・投資知識は従業員持株会に加入していることから株式投資についての知識・経験はある程度あるとする。現状は分配金の額も少し減少し，投資元本は円高で値下がりしている場合を想定する。この状況での投資信託の販売をファイナンシャル・プランニングの観点から検討する。

　このようなケースの場合，投資家は行動ファイナンスで言われる「心理的会計」という考え方を持っていると思われる。「心理的会計」とは，人が自分の心の中でいくつかの勘定を持ち，収入や支出を区分して認識し，行動することを言う。

　本ケースでは分配金と投資元本が区分されて感じ取られていると思われる。分配金は毎月の小遣いとして受け取り使ってしまうことが自然とされ，一方，投資元本についてはそのまま維持されることを無意識に期待しているのではないかと推察される。これはサラリーマンが月々の給料で日々の生活費を賄い，年2回のボーナスの使い方を別途考える場合と同じようなことであろう。「金に色はない」と言われるが，心理的には色がついていて区分して取り扱っていると言えよう。

　この状況では投資家の心の中で投資収益について分配金と元本が合算されることはなく分離しているので投資元本の損失だけを問題とするリスク態度を持っていると思われる。そこで，まず受取り分配金の合計を算出し，投資成果を合算して考えるようにアドバイスを行うことが妥当であろう。2014年12月からトータルリターン通知が実施されており，そうしたデータの活用が有効であろう。そうすると損失額は少し少ないことに投資家は気付くのではないだろうか。

　山口勝業は，「最終的な意思決定は投資家の自己責任で行われるにしても，FPはその決定を支援するために客観的・中立的な判断材料を提供し，投資家に不明な点は十分に説明することで投資家自身が納得して決定できるように導くべきである」[20]として，こうした行動ファイナンスの知識の活用を勧奨している。ファイナンシャル・プランナーが合理的な説明を行っても投資家の認知が歪んでいてはその効果も歪むことになる。そうした系統的な歪みを考える行動ファイナンスの活用は重要と思われる。

　次に投資額の減少の判断については，やはり，行動ファイナンスにおける「価値関数」を投資家に認識してもらうことが望ましいだろう。「価値関数」とは人の心は損を得よりも2倍以上に感じるということであり，また損も得もその額が大きくなると感じ方が

鈍感になってゆくという傾向があり，こうした傾向が人の投資損益の認知を歪ませるということを指摘した考え方である。つまり，損失の痛みは得をした場合より鋭く感じるということであり，また，その額があまりに大きくなると今度は鈍感になるとされる。このように人は現実をそのまま見ることは出来ず，無意識にいわば「編集」を行ない，現実を認識している。

　このような着眼点はファイナンシャル・プランニングの手法の観点からはライフプランの一部，投資家の心理的な実情へのアプローチであろう。ライフプランという概念は広く生活設計を言うだけでなく，個人の心理的な部分にも着目するべきであろう。行動ファイナンスの知見は個人の行動の適正化という実用面に着目して有用性が高いと思われる[21]。

　これらの点をアドバイスした上で今後の対処策を提案することが望ましいであろう。ここでは3つの案を検討してみたい。

　まず，第1案として投資の停止である。今までリスクを取って投資をしていたが，損切りをすることで運用を停止して様子見とする案である。「ここまでリスクを取ったのだから」などと投資家は考えるであろうが，損切り，つまりロスカットを行うことを提案することが考えられよう。こうして市場から距離を取れば，投資家の不安も軽減して「ゆとり」が生まれると思われる。この「ゆとり」が，投資に対する冷静な取り組みを生むだろう。市場に投資家として居続けることは重要なことであるが，常に心理的なストレスに晒されることでもある。こうした点を考えることは個人の場合，妥当ではないかと思われる[22]。

　ただし，従業員持ち株会で勤務先の企業の株式を保有していることから，この株式投資との分散投資を行なうために全てを解約することは避けて従業員持ち株会の投資残高と同程度の外債投資信託は保有し続けることが適切であろう。こうした個人の実情，ライフプランの観点とポートフォリオの観点からのアドバイスが可能と思われる。

　第2案としてバランスファンドへの組み換えがある。投資家の年齢を考えればライフプランの観点から投資目的は人生3大資金である教育資金，住宅資金，老後資金へと変更するよう推奨し，小遣いを受け取るための毎月分配型は避けることが適切と思われる。

　なお，毎月分配型投資信託については，分配金の仕組みが投資家に知られていない場合も多い。今福啓之は，「個別の商品の特徴などは詳細に説明できる担当者でも，分配金を払い出せばその基準価格が下がるというような投信の基礎的な知識については理解が必ずしも十分でないということがありうる。まして，投資家側ともなると，そうした理解があまねく浸透しているか，かなり心もとない」[23]と約400名の銀行の投資信

託販売者へのアンケートを基に述べている。

そして，このバランスファンドへの組み換えは時間をかけて行なうことが望ましいと思われる。一度に外債投信を解約すると為替相場の変動を大きく受ける場合もあり，解約の時が円高局面であった場合，投資家は後悔する可能性が高いと推察されよう。そこで，数年の時間をかけて外債投資信託を信託報酬の比較的安価なバランスファンドに切り替えることを提案することが適切であろう。

バランスファンドの方が年率標準偏差は外債投信に比べ 3 割ほど小さく，リターンは年率 1%程度は高いと推察され，リスク，リターン共に改善されることから妥当な案と思われる。

この提案は，マーケット，商品に関する分野からのアプローチであり，また，ライフプラの点からのアプローチでもあり，そして，ポートフォリオの観点も含まれ，最も包括的な視点に立つものと言えよう。

第 3 の案として長期保有がある。海外債券投資は長期的にみれば，短期の金利水準よりは 2%程度高い水準での収益性が見込める。為替相場の決定理論である購買力平価説の考え方を説明し，10 年単位の長期的な視点で見れば為替相場は概ね妥当な水準に落ち着く可能性が高いことを説明することが適切と思われる。つまり，為替差益，差損は長期的な投資ではさほど重要な結果をもたらさないという点を考慮した対応策である。

また，少子高齢化が進みわが国全体の貯蓄が減少すれば，*IS* バランスの点から輸出は減少して輸入が増えることから円安傾向が生じることが考えられるため，こうした外貨投資を行うことには合理的な根拠があると言うことが許されるであろう。そして，この場合の円安はわが国のインフレによる円安ではないため，実質的に投資成果が高い運用方法と思われる。こうしたアドバイスはマーケットの観点からの提案となる。

以上のように具体的なケースを想定し，様々な説明の技法とその基盤となる知識を考えてみた。次にこうした一般にリスク許容度が高い独身男性とは異なる既婚者のケースを想定して技法を検討したい。

2.2 リスク許容度の低い既婚中年男性のケースについて

一般的に独身の男性の場合，ハイリスクにも耐えられる投資家属性と思われるので，投資家の属性として 40 歳代の既婚サラリーマンのケースを想定し，リスク許容度の小さい場合を考えてみたい。

保有資産は預金が 300 万円程度であり，バランスファンドを 80 万円保有していると仮定する。ファンドの購入の時には，「これ 1 本で分散投資ができる」との説明を受け

135

て満期となった定期預金を原資として購入したと想定する。投資経験はこれ以外になく，投資知識はさほどない。住宅ローンの残高は3,000万円とし，現在，別の投資商品を購入したい気持ちがあるが何を購入すればいいかわからず迷っていると仮定しよう。

本ケースの場合，財産面における適合性の原則が問題となると思われる。40歳代の既婚男性の場合，住宅ローンの返済負担や教育資金の準備のためにリスク許容度は低い場合が多い。収入の面ではピークに近いが支出の面でもピークが近く，キャッシュ・フローを考えるとリスク許容度は小さいと思われる。

この点について伊藤伸二は，40歳代，50歳代のリスク回避度が60歳代以上より高いことを，家計調査を基に分析している[24]。中年期は高齢期よりもリスク許容度は小さいというのが実情であろう。ロウントリーは，100年以上前の労働者の生活を分析して貧乏曲線（Poverty Line）が描かれることを示した[25]。これを基に現代の生活に合わせてみても子供の養育費がかかる中年期は家計としては厳しい時期・年齢であり，従って大量のリスク商品の運用をアドバイスすることは適切ではない。

この点からはアドバイスの第1案としてリスク商品の追加購入の回避を提案することが妥当と思われる。これはライフプランの観点からの提案となる[26]。

また，本ケースの，「別の投資商品も購入したい」という考えの背景はバランスファンドという投資理論上，優れた金融商品についての知識が少ないことがあるように思われる。グローバル分散投資の重要性を丁寧に説明することが適切と推察される。これはライフプランとポートフォリオの観点からのアドバイスであろう。

そして，行動ファイナンスの理論からすれば，本ケースの投資家には「自信過剰」があるのではないかとも考えられよう。すでにバランスファンドという十分に分散投資がなされた投資商品を持ちながら，他に何かないかと考える人は，「『自分は勝ち馬を当てることができる』と思っている」[27]からではないかということである。

例えば，日本株の価格が上昇している局面では投資家は日本株への投資に興味があるのかもしれない。また，円安局面では外貨投資に関心があることも考えられるだろう。そして，金利水準から新興国債券への投資に興味があるのかも知れない。ともあれ，なにかグローバル分散投資より良い投資商品があるのではと思いながら迷っていると推察される。

しかし，現実には一部の市場の変化に賭けたり，特定の地域への大量投資に賭けて良い収益を得ることは少ないと思われる。確かに外国為替証拠金取引で莫大な収益を得たり，株価の短期的変動である程度の収益を得ることは可能だろうし，実際にそうした投資家が存在することは報道で知られている[28]。しかし，多くの人がそうできるか，ま

た，長期に渡りそうした投資成果を継続出来るかと言えばそうしたことは多くはないと思われる。本ケースの投資家の陥っている「自身過剰」と言う認識の誤りを説明することが妥当であろう。

これは，マーケットについての市場の効率性の知識と人の経済的な知覚，リスク態度という点で個人の実情，ライフプランからの点という２点からのアドバイスである。中年期になると株式投資について一定の知識があると錯覚している場合が少なくないと思われ，こうした観点は重要と思われる。

アドバイスの第２案としては，バランスファンドの積立投資をアドバイスすることが考えられよう。積立投資を用いる理由は，第１に，この方法であれば短期的な市場変動に惑わされることなく投資を行える点であろう。積立投資は標準的な投資理論からは市場の状況を吟味しないということから不適切な手法とされる。確かにその指摘は当たっていると言わざるを得ないものの，一個人に市場の状況判断は難しい。事実，リーマン・ショックにより始まった金融危機と大不況を予見できた人はマーケット・アナリストのような金融知識の豊富な者でも少数であった。そこで，積立投資を長期間用いる投資手法がファイナンシャル・プランニング上，有力な手段となると思われる。

理由の第２は，この方法によっていわゆる「順張り投資」ではなく「逆張り投資」が可能となる。一般に市場は「平均回帰」を起こす傾向がある。つまり，平たく言えば，上がったものは下がり，下がったものは上がる傾向があるので積立投資はこの点から有効な投資手法であると思われる。

通常，市場が下落基調にある時，追加投資を行なうことは難しいと思われる。逆に上昇基調にある時は楽観的なムードの中で容易に投資を行う場合が少なくないと推察されよう。機械的な積立投資はこうした心理的な問題から投資家を解放し，通常の個人には難易度の高い「逆張り投資」を可能にする。こうして積立投資は行動ファイナンスでは人に「自己規律」を与えるとされる。

理由の第３は，積立投資という投資開始時期の分散は長期投資の効果をより確実にすると思われる。一般に長期投資の成果として紹介されているデータの多くは投資を始める時期を分散した結果を含んでいる。従って，いわゆる長期投資の効果を得ようとするのであれば投資を始める時期を複数回に分けてゆくことが必要となると思われる。

また，この積立投資についてはアセット・アロケーションにあまり注意を払わなくても良いと指摘されている。星野泰平は，1989年12月から2010年6月までのデータでは安定的な債券投資中心の資産配分から積極的な株式中心の資産配分の積立投資であっても，10年間の積立投資では投資成果は投資額の1.3-1.4倍と大差がなかったこと

を指摘している[29), 30)]。

なお，長期投資については議論のあるところであるが，既に知られている通り，連続時間複利表現のリターンは期間に正比例し直線で増加し，リスクは期間の平方根に比例して増加する。仮にバランスファンドに投資するとして，その収益率を5%，標準偏差リスクを10%とすれば，1標準偏差の確率で元本割れを回避するのは4年後となる。これ以降は時間分散から長期投資の効果が出ると思われる。投資家に説明すべき点は，短期的には元本割れリスクは大きく，その後，縮小してゆくこと点であろう。これを図で表せば図表補-2のようになる。

図表補-2　長期投資の効果

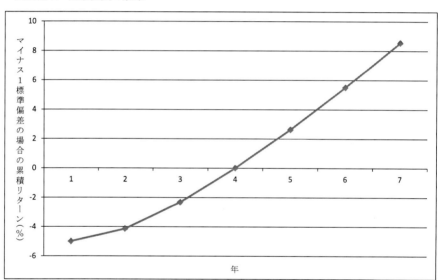

4年後という数値の算出は次の式による。元本割れを回避する年数を x とすると

$$5\% \times x = 10\% \times \sqrt{x}$$

となり，これより4年後が算出される。

つまり，リターンは期間に応じて増大し，リスクはその平方根の割合で増大するため

補論　生活者に対する投資信託の販売とファイナンシャル・プランニング

このような式で算出される。福田啓太は，分散投資に長期投資を組み合わせることで，「ITバブル崩壊，リーマン・ショックを含む最悪の10年でも，日米債券株式に25%ずつ分散したポートフォリオはプラスの平均収益を上げている」31)と指摘しているが，これは資産分散と時間分散の効果であろう。年単位の時間軸では経済成長に基づく金融資産の収益性の累積効果が現れると思われる。ダウンサイドリスクは時間の経過と共に小さくなる。このアドバイスもライフプラン，マーケット，そしてポートフォリオの3つの観点を含んでいると言えるだろう。

　アドバイスの第3案としては，内外の株式に広くインデックス運用で分散投資を行う案であろう。リーマン・ショックの後の100年に一度と言われた経済の悪化でわが国の株価の下落は，年間日経平均株価の変動で見れば，2008年はマイナス42%と大幅であった。これがどのような過程を経て回復してゆくかは，2011年の東日本大震災もあってわからからなかったが，投資の開始時期を複数回に分けた上で長期投資の姿勢で臨めば世界経済の回復，そして成長から良いリターンが得られる可能性は小さくない。事実，米国のニューヨーク・ダウは2015年に過去最高値を更新した。そして，日本銀行の量的・質的金融緩和の開始により，日経平均株価も2013年に57%上昇した。

　リスクについては，「このファンドの投資対象が世界各国の株式市場に分散されていることと為替レートの変動性がリスクを低減させるためです」と述べることができると思われる。海外株式投資信託と言うと一般に国内株式投資信託よりはるかにリスクが高いと考えられることもあるが，標準偏差で見ればそうではない32)。資産運用の専門家の間では常識と思われることも，一般の個人には知られていない33)。

　このアドバイスはポートフォリオの観点からのものと言えよう。インデックスファンドの理論的な部分を説明することはかなり難しいことではあるが，その費用が安価である点を考えると取り上げるべき提案と思われる34)。

　以上のように2つのケースを想定して投資信託の販売における様々な手法を検討したが，その大半が，ライフプラン，マーケット，そしてポートフォリオに関係する包括的な提案・アドバイスであると言えよう。こうした点を踏まえて，次にこれまでの考察についての反論について検討を行いたい。

第3節　本考察への反論について

　本考察への反論としていくつかの点があるだろう。まず第1は，こうした多様な技法はファイナンシャル・プランニングの体系性があるのか，と言う点であろう。

　これについては，これまで検討してきた具体的な技法，販売の過程にはCFPボード

139

と FPSB の定義する「ファイナンシャル・プランニング・プロセスの 6 つのステップ」の全てが含まれていることを指摘したい[35]。それは，まず第 1 に投資家の状況に注意が払われていることである。ファイナンシャル・プランニングで言う「ステップ 1：投資家との関係確立とその明確化」と「ステップ 2：投資家データの収集と目標の明確化」が入っているということである。

　最初のヒアリングの部分の質問の仕方，工夫からそれは始まると言えるだろう。そして，「適合性の原則」の遵守の観点から投資家の状況についての聞き取り，すなわち顧客熟知義務が履行されている。

　第 2 に，「ステップ 3：投資家のファイナンス状態の分析と評価」と「ステップ 4：プランの検討作成と提示」が含まれており，更に投資全般，投資行動についての知識付与が行われていることである。ここでは標準的な投資理論も行動ファイナンスも共に用いられている。これらは両立しない部分もあるが，個人の資産運用への有用性の観点から取り入れるべきところを取り入れた結果である。

　更に第 3 に，「ステップ 5：プランの実行援助」と「ステップ 6：プランの定期的見直し」が入っていることである。アフターフォローの観点が入る点はまさに第 6 のステップである。

　こうしたことから，本稿で検討してきた技法はファイナンシャル・プランニングの考え方の中核部分を含んでいる。

　第 2 の反論として，具体的ケースの 2 例目の第 2 の提案において積立投資を勧め，そして星野の分析に従ってその分散投資の内容はあまり考えなくてよいのであれば，商品は，事実上，世界分散型のバランスファンド一つになり適合性の原則は量的な問題だけとなってしまうのではないか，という点である。確かに世界分散型のポートフォリオで積立投資を行えばそうしたことになると言えるかも知れない。しかし，それでも包括的なアプローチが価値を失うことはなく，一人ひとりの生活者のライフプランに適した商品があると思われる。積立投資によって投資信託の商品が一つになり，マーケットからの検討，ポートフォリオからの検討が不要になるとまでは言えない。星野の分析でも資産配分によっては運用成績が良くない場合もある[36]。運用の内容についての適合性の判断は依然として必要とされると思われる。

　第 3 に，包括的アプローチと言うが投資家はそもそもそうしたアプローチを期待していないのではないか，単に資産増大のアドバイスを求めているだけではないか，という点である。しかし，投資を煽る姿勢こそが投資家の立場に立たないことから投資信託の販売を困難にしているのではないか。現代の複雑化する金融情勢を読み解く金融リテラ

シーを個人一人ひとりが持つことは困難となっている。こうした問題を補うにはファイナンシャル・プランニングの様々な知見が必要となる。

エリスは、「運用はそれ自身の理由に基づいてなされるべきであり、投資家の年齢など個人的な理由を持ちだすべきでない」と言うが、一方でエリスは、「市場に合わせるべきは投資家のあなたであって、市場はあなたには合わせてくれない」[37]と述べている。

やはり、マーケットとポートフォリオの観点だけでは個人の資産運用には不十分であり、生活者のライフプランに着目することが重要である。また、生活者が気がつかないのであれば気づきを起こし、リスクへの態度と行動の変容を起こしてゆかなくてはならないのであり、リスク・コミュニケーションやソーシャル・マーケティングの発想とアプローチが求められると思われる。

おわりに

生活者に対する投資信託の販売は包括的アプローチに基づいて行われることが重要である。投資アドバイスは単に資産の増大だけでなく、ライフデザインとライフプラン、そして生活者個人の心理面、リスク態度も含めた生活者個人の実情を考慮した内容であることが妥当である。先に引用したエリスの言葉のように市場は個人の事情に合わせてはくれない。

それゆえ、市場とライフプランの間、そしてポートフォリオの間を調整してゆくことがファイナンシャル・プランニングに依拠した投資信託の販売において求められる。市場の状況ばかりを受け入れていては、生活者個人の生活には有用とはならない投資もある。そこでは投資の停止が必要な場合もあるであろう。また、長期投資の効果の試算でみたように生活者個人の金銭面の安定を目指すファイナンシャル・プランニングの立場からは、5年以上使用しないような資金を株式や債券の分散投資で運用すべきであろう。

ここで示した投資信託販売の多様な技法は、ファイナンシャル・プランニングを活用した構成となっていると思われる。多岐にわたる着眼点と技法はライフプランとマーケット、そしてポートフォリオという3つの焦点によって整理可能であり、①ヒアリング、②投資家の実情・ライフプランの認識、そして投資教育、③商品に影響するマーケット、④具体的な個別商品を組み合わせた運用提案、そして、⑤アフターフォローという5つのステップで展開され得る。こうした技法により適切な投資信託の販売が可能となり、また、その効率性も向上することは間違いない。

地域金融では生活者への金融ニーズは中小企業、地方公共団体と共に小さくない。

ファイナンシャル・プランニングの技法を活かした金融資産運用商品としての投資信託の提供は，地域の生活者の金融ニーズを満たすものである。ライフプランを考える時には，教育に係る費用，住宅価格など地域の実情に精通し，地域密着型金融を展開する地域金融機関に属するファイナンシャル・プランナーのサービスの方が，大手金融機関の画一的な情報提供サービスより優れているに違いない。

　ファイナンシャル・プランニングという包括的アプローチに基づいた投資信託の販売，つまり市場と投資家のライフプラン，そしてポートフォリオを視野に入れた投資信託の販売が行われることが望ましく，そうした技法に関する研究が進展し，地域の生活者の厚生が向上することを期待したい。

注)

1) 家森信善（2004）『地域金融システムの危機と中小企業金融』千倉書房，16 ページ。

2) 例えば，近年，「売れ筋ファンドのキーワードは，『高利回り資産』と『高金利通貨』と言ってよい」（服部哲也，2009）と言われる。これは個人の実情，つまりライフプランをベースとしたファイナンシャル・プランニングの観点から見て適切な投資信託が売れていることではないと言えよう。

3) 日本証券アナリスト協会編榊原茂樹・青山護・浅野幸弘著（1998）『証券投資論第 3 版』日本経済新聞社，467-468 ページ。

4) 厚生年金基金連合会（1994）『厚生年金基金　資産運用の手引き』厚生年金基金連合会，68 ページ。

5) 平木典子（2007）『自分の気持ちを＜伝える＞技術』PHP 研究所，96-97 ページ。

6) ファイナンシャル・プランニングではこうした心理学的な技法も重要な部分を占めており，日本 FP 協会では，FP の技能（スキル）は，「専門家としての責任」，「実務」，「コミュニケーション」，「認知能力」の 4 つに分類されるとし，コミュニケーションの要素を含めている。

7) 投資家のいわば防衛意識を解くには，日本証券業協会の外務員の守秘義務，すなわち秘密漏洩の禁止について説明することも有益かも知れない。投資家にメリットがある有益なサービスを提供するから実情を話せと投資家に求めても投資家は拒絶するであろう。

8) 地方行政の原理に「ニア・イズ・ベター」の原理と言われる近接性の考え方がある。地域の生活者の実情を適切に理解できるファイナンシャル・プランナーは地域金融機関のファイナンシャル・プランナーであろう。

9) 例えば，「資産運用は洋服選びのような面がありお客さまの体形にあった商品をお勧めしなくてはならないので，・・」と言ったわかりやすい理由説明を行うことが適切と思われる。

10) 香月祐爾・小川進・岡野正明・萩田吉彦（2011）「投資信託等の販売勧誘と金融機関の説明義務（上）」『銀行法務21』第 55 巻第 1 号，経済法令研究会，6 ページ。

11) 例えば，国内株式に分散投資を行う投資信託の 1 標準偏差は年率 20％程度であるから，「この投資信託は，確率 3 分の 2 位で年間に上下 20％程度の値動きがあります」と説明できる。様々な種類の投資信託についても同様であろう。

補論　生活者に対する投資信託の販売とファイナンシャル・プランニング

12）　こうした提案はなんら不自然なセールス技法ではない。通常の商品の提案であっても複数の選択肢を示すことは行われていることである。

13）　山崎俊輔（2010）「投資教育のポイント」『KINZAI ファイナンシャル・プラン』Vo.22No.307，きんざい，15 ページ。

14）　吉川肇子（1999）『リスク・コミュニケーション』福村出版，51－52 ページ。

15）　山崎元（2009）「投信が普及しないのは業界の努力不足」『週刊金融財政事情』第 60 巻第 33 号，金融財政事情研究会，22 ページ。

16）　前川貢（2011）「いま販売会社に求められる投資家対応」『ファイナンシャル・アドバイザー』第 13 巻第 4 号，近代セールス社，14 ページ。

17）　目黒政明（2009）「投資家属性に応じた対応シミュレーション」『KINZAI ファイナンシャル・プラン』Vol.22No.299，きんざい，16 ページ。

18）　山崎俊輔は，「歴史を振り返ってみると，現代ほど，長期にわたって将来設計を求められる時代はなかった」と指摘している。そして，「明治時代には持ち家を取得する必要性すら知識人も意識していなかった。夏目漱石すら生涯賃貸暮らしであったことは有名な話であるし，当時著名な作家の没後に全集を発行したのはその印税により遺児の生計費を捻出させんとする目的があったといわれる」と述べ，「これはライフプランに基づくマネー管理，リスク管理が行われていなかったことを表している」としている。

19）　山崎俊輔（2011）「個人の老後資産形成を実現可能とするための退職給付制度の視点からの検討と提言」『ファイナンシャル・プランニング研究』No.10，37 ページ。

20）　山口勝業（2004）「行動ファイナンス：個人投資家のファイナンシャル・プランニングへの応用」『ファイナンシャル・プランニング研究』Vo4，日本 FP 学会，28 ページ。

21）　日本 FP 協会では専門的知識を 11 の分野に分類（「税制」「保険」「投資」「退職、貯蓄及び所得計画」「法律」「ファイナンス分析」「債務」「経済／規制環境」「社会保障」「行動ファイナンス」「倫理規程／実務」）しており，行動ファイナンスはその知識の一分野となっている。

22）　なお，こうした事を行うためには，金融資産運用をあまりに目的に結びつけない方が良いと思われる。緩やかな目的としておき，柔軟な対応が出来るようにしておくことでこうした投資の停止も可能となる。

23）　今福啓之（2009）「投信解禁から 10 年，販売サイドの課題浮き彫りに」『週刊金融財政事情』第 60 巻第 11 号，金融財政事情研究会，12 ページ。

24）　伊藤伸二（2009）「相対的リスク回避度の適合性判定への応用」『ファイナンシャル・プランニング研究』No.8，日本 FP 学会，13 ページ。

25）　坂本武人（1996）『新しい家庭経済学　第 2 版』法律文化社，266-268 ページ。

26）　一般に証券投資理論の図書では個人は年齢と共に人的資本が減少してリスク許容度が低下するとされるが，この点は修正されるべきであろう。

27）　角田康夫（2001）『行動ファイナンス』金融財政事情研究会，123 ページ。

28）　欧米の報道機関は，わが国の個人の小口の外国為替証拠金取引の投資家を「ミセス・ワタナベ」と呼んでいる。ワタナベは，欧米では日本人の代表的な姓とされている。

29）　星野泰平（2010）「『積立投資』の 3 つの効用とポイント」『Journal of Financial Planning』Vol.12No.129，日本ファイナンシャル・プランナーズ協会，6 ページ。

30) これには投資信託を用いた場合のコスト，つまり信託報酬が勘案されていなので，この値をそのまま実際の資産運用に用いることは出来ないが，貴重な指摘であろう。

31) 福田啓太（2011）「マネーコンサルタントのための資産運用実践講座　第1講義」『ファイナンシャル・アドバイザー』第13巻第4号，近代セールス社，50ページ。

32) 松前俊顕（2010）「グローバル株式投資への移行—ホームカントリーバイアスのコスト—」『証券アナリストジャーナル』第48巻第9号，日本証券アナリスト協会，5-15ページ。

33) そして，このようなタイプの投資信託のリスクについては，「5−6年に一度は年間20%以上の価格下落が起こります」，と投資家に説明できるだろう。

34) 海外の株式に投資を行う投資信託はアクティブ運用の場合，信託報酬が高価である場合が少なくない。そこでインデックスファンドを用いることが適切なアドバイスとなる。

35) 日本ファイナンシャル・プランナーズ協会（2008）『FP総論』日本ファイナンシャル・プランナーズ協会，37ページ。

36) 星野泰平（2010）『半値になっても儲かる「つみたて投資」』講談社，178-191ページ。

37) Ellis, D, Charles（1998）*Winning The Loser's Game*, The McGraw-Hill Companies, Inc.（鹿毛雄二訳（1999）『敗者のゲーム』日本経済新聞社，192-198ページ。

参考文献

家森信善（2004）『地域金融システムの危機と中小企業金融』千倉書房

伊藤伸二（2009）「相対的リスク回避度の適合性判定への応用」『ファイナンシャル・プランニング研究』No.8，日本FP学会

今福啓之（2009）「投信解禁から10年，販売サイドの課題浮き彫りに」『週刊金融財政事情』第60巻第11号，金融財政事情研究会

香月祐爾・小川進・岡野正明・萩田吉彦（2011）「投資信託等の販売勧誘と金融機関の説明義務（上）」『銀行法務21』第55巻第1号，経済法令研究会

角田康夫（2001）『行動ファイナンス』金融財政事情研究会

吉川肇子（1999）『リスク・コミュニケーション』福村出版

厚生年金基金連合会（1994）『厚生年金基金　資産運用の手引き』厚生年金基金連合会

坂本武人（1996）『新しい家庭経済学　第2版』法律文化社

日本ファイナンシャル・プランナーズ協会（2008）『FP総論』日本ファイナンシャル・プランナーズ協会

日本証券アナリスト協会編榊原茂樹・青山護・浅野幸弘著（1998）『証券投資論第3版』日本経済新聞社

服部哲也（2009）「最新投信市場」『KINZAIファイナンシャル・プラン』Vol.22No.299，きんざい，16ページ

福田啓太（2011）「マネーコンサルタントのための資産運用実践講座　第1講義」『ファイナンシャル・アドバイザー』第13巻第4号，近代セールス社

星野泰平（2010）「『積立投資』の3つの効用とポイント」『Journal of Financial Planning』Vol.12No.129，日本ファイナンシャル・プランナーズ協会

星野泰平（2010）『半値になっても儲かる「つみたて投資」』講談社

前川貢（2011）「いま販売会社に求められる投資家対応」『ファイナンシャル・アドバイザー』第13巻第4号，近代セールス社

松前俊顕（2010）「グローバル株式投資への移行―ホームカントリーバイアスのコスト―」『証券アナリストジャーナル』第48巻第9号，日本証券アナリスト協会

目黒政明「投資家属性に応じた対応シミュレーション」『KINZAI ファイナンシャル・プラン』Vol.22No.299，きんざい

平木典子（2007）『自分の気持ちを＜伝える＞技術』PHP研究所

山口勝業（2004）「行動ファイナンス：個人投資家のファイナンシャル・プランニングへの応用」『ファイナンシャル・プランニング研究』Vol.4，日本FP学会

山崎俊輔（2010）「投資教育のポイント」『KINZAI ファイナンシャル・プラン』Vol.22No.307，きんざい

山崎俊輔（2011）「個人の老後資産形成を実現可能とするための退職給付制度の視点からの検討と提言」『ファイナンシャル・プランニング研究』No.10，日本FP学会

山崎元（2009）「投信が普及しないのは業界の努力不足」『週刊金融財政事情』第60巻第33号，金融財政事情研究会

Ellis, D, Charles（1998），*Winning The Loser's Game*, The McGraw-Hill Companies, Inc.（鹿毛雄二訳（1999）『敗者のゲーム』日本経済新聞社）

■筆者紹介

藤波　大三郎　(ふじなみ　だいさぶろう)

松本大学松商短期大学部経営情報学科教授

<略歴>

1954年岡山県生まれ。東京大学法学部卒業。太陽神戸銀行(現三井住友銀行)国際企画部調査役,さくら銀行資本市場部主任調査役,ルクセンブルグさくら銀行副社長,さくら能力開発センターシニアインストラクター,三井住友銀行人事部研修所上席所長代理等を経て,2008年より現職。日本証券アナリスト協会検定会員,1級ファイナンシャル・プランニング技能士。

<主な著書>

『みんなが忘れているお金を殖やす基本』(日本経済新聞出版社,2001年),『金融機関職員のための資産運用相談Q&A』(近代セールス社,2007年),『ファースト・ステップ金融論改訂版』(共著)(経済法令研究会,2010年),『はじめて学ぶ銀行論』(創成社,2012年),『預かり資産商品セールスのコツ』(近代セールス社,2013年),『シニアのための堅実な資産運用』(松本大学出版会,2014年)。

わが国の銀行行動と金融システム
－イノベーションを視点とした5つの試論－

2015年12月17日　　初版発行

著　者　　**藤　波　　大　三　郎**

定価(本体価格2,778円+税)

発行所　　株　式　会　社　　三　恵　社
〒462-0056 愛知県名古屋市北区中丸町2-24-1
TEL 052 (915) 5211
FAX 052 (915) 5019
URL http://www.sankeisha.com

乱丁・落丁の場合はお取替えいたします。
ISBN978-4-86487-429-8 C3033 ¥2778E